中国

古代才女

她们以笔墨为舟，才情为帆，勇敢前行，激起千层浪花……

夏梓郡 ○ 著

沈阳出版发行集团
沈阳出版社

图书在版编目（CIP）数据

中国古代才女 / 夏梓郡著. -- 沈阳：沈阳出版社, 2024.11. -- ISBN 978-7-5716-4496-3

Ⅰ.K828.5

中国国家版本馆 CIP 数据核字第 2024L0T957 号

出版发行：	沈阳出版发行集团 | 沈阳出版社
	（地址：沈阳市沈河区南翰林路 10 号　邮编：110011）
网　　址：	http://www.sycbs.com
印　　刷：	三河市兴达印务有限公司
幅面尺寸：	170mm×240mm
印　　张：	13
字　　数：	178 千字
出版时间：	2024 年 11 月第 1 版
印刷时间：	2024 年 11 月第 1 次印刷
责任编辑：	王冬梅
封面设计：	鲍乾昊
版式设计：	雷　虎
责任校对：	张　磊
责任监印：	杨　旭

书　　号：	ISBN 978-7-5716-4496-3
定　　价：	49.80 元

联系电话：024-24112447

E-mail：sy24112447@163.com

本书若有印装质量问题，影响阅读，请与出版社联系调换。

写在前面的话

争渡，争渡

"争渡，争渡，惊起一滩鸥鹭。"这轻盈的词句，犹如一幅流动的画卷，细腻地勾勒出中国古代才女在历史长河中的灵动倩影。她们以笔墨为舟，才情为帆，勇敢地破浪前行于波涛汹涌的男权社会，激起千层浪花。

本书是对才女们生命轨迹的深情描绘。它清晰地展现了从春秋战国至清朝，跨越两千多年的时间长河中，才女们在不同历史时期的文化背景和社会环境下的成长与蜕变。这是一场穿越历史的漫步，跨时空感受才女们在不同时代背景下的生命韵律和心灵悸动。

本书更是一次对才女们内心世界的探索。它剖析了每位才女在早、中、晚期作品中的心路历程，是对才女们文学与人生交织篇章的全面解读。这是一次人生的深刻领悟，既能看到她们才情显露、名满全城的高光时刻，也将陪伴她们历经坎坷、回归自我的人生旅程，体会她们在时代浪潮中所展现的"争渡"精神。

这群古代才女的经历，如同一面镜子，映照出女性在历史长河中的不懈奋斗与顽强挣扎。而当我们将这面镜子转向现代女性时，不禁发现，那种"争渡"的精神依旧熠熠生辉，激励着我们在现代社会中继续前行。现代女性同样在职场的挑战、生活的舞台、家庭的港湾中奋力争渡，虽然所面临的挑战和机遇或许有所不同，但对梦想的执着追求、对自我价值的坚定坚守、对美好生活的无限向往，却与古代才女们一脉相承。

《中国古代才女》不仅是对古代才女的深情颂歌，更是一部对现代女性的珍贵启示录。任凭时光荏苒，时代变迁，女性都应勇敢地在生活的海洋中，乘风破浪，一往无前。在争渡中，发现自己的力量与智慧。

愿每一位翻开此书的女性，都能在其中采撷到古代才女的坚忍与勇气，洗涤心灵。愿我们都能在平凡的生活中，争渡出一片属于自己的美丽浪花。

顾太清	马湘兰	管道升	李清照	鱼玄机	李冶
196 188	180 172	164 154	146 136	128 120	112 104
吴藻	王贞仪	黄峨	朱淑真	花蕊夫人	薛涛

目 录

庄姜	班婕妤	蔡文姬	卫夫人	谢道韫	刘令娴
2	20	46	62	80	96
12	28	36	54	70	88
卓文君	班昭	左棻	苏蕙	鲍令晖	徐惠

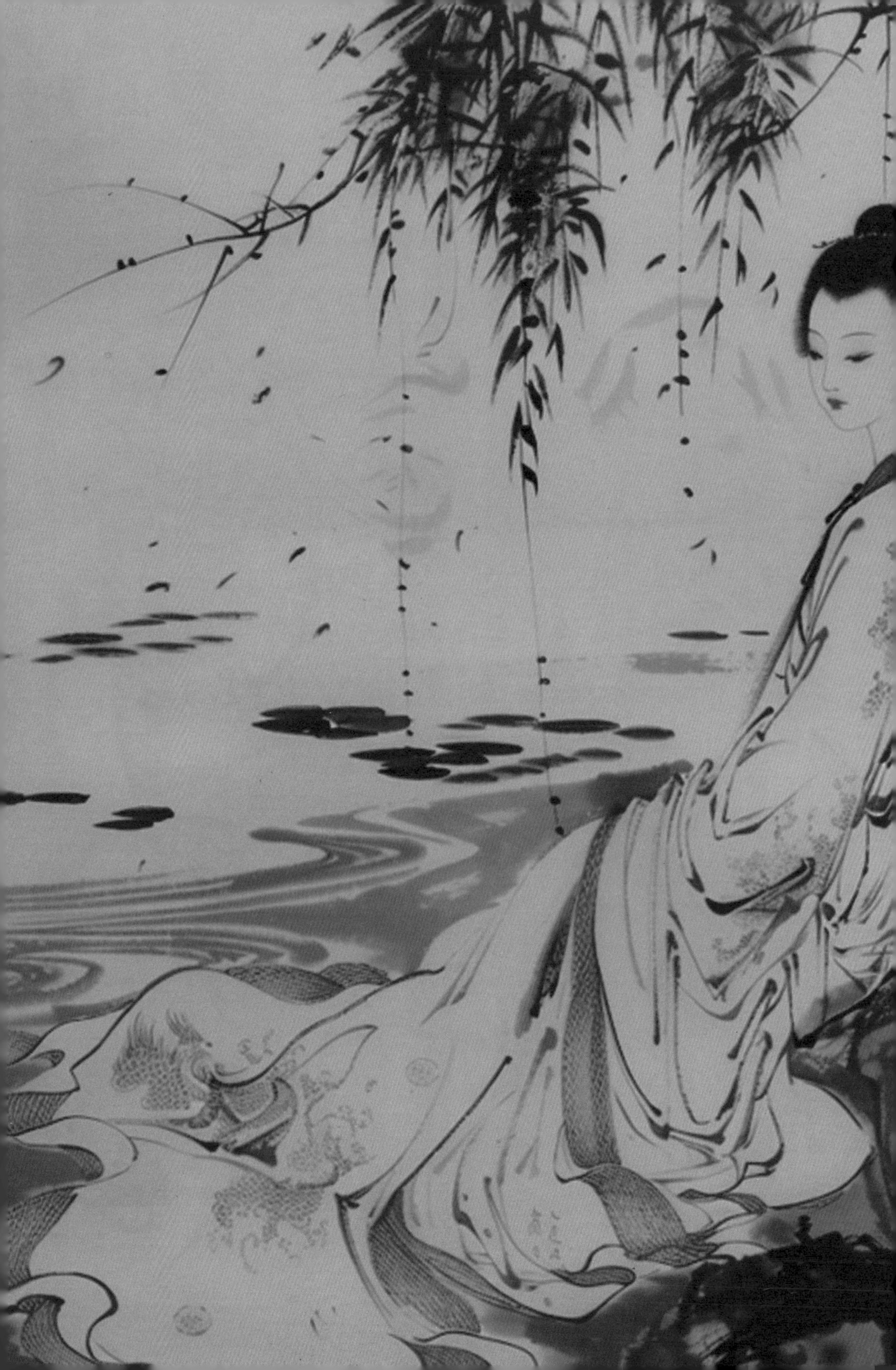

颂美人者，无出其右
—— 庄姜

她是古代贵族女性的典范
她是诗经中描绘的第一位美女
她是我国历史上第一位女诗人

灵秀初成

庄姜,春秋时期齐国的公主,是齐庄公之女,卫庄公之妻。她以美貌闻名,更以诗才传世,成为中国古代最早的女诗人。庄姜的出身决定了她的优越与不凡。

作为齐庄公的女儿,她成长在齐国的宫廷中,接受了严格的教育。在那个礼乐制度森严的时代,齐国宫廷中儒家思想和礼乐文化对庄姜的成长产生了深远的影响。在此期间,她不仅学习各种宫廷礼仪,还学习了大量的诗歌与文学。

齐国在春秋时期是一个文化繁荣、礼乐兴盛的国家。庄姜在这样一个文化氛围中成长,她所接触到的文化元素和文学作品数量极多,这些极大地丰富了她的思想和情感。齐国的礼乐文化强调人与自然的和谐,注重诗歌中的音韵美和情感表达,

然而,庄姜的作品并不仅仅停留在对美好生活的描绘上。她的诗中还隐含着对命运的思考和对未来的忧虑。

这种忧虑既是她身为女性在古代社会中的一种普遍情感,也是她对自己命运的一种预感。她敏锐地意识到,作为一位高贵的公主,她的一生将会面临许多无法预料的挑战和困境。这种预感贯穿了她的诗歌创作,也为她后来的作品奠定了基调。

庄 姜

风韵逸事

美人之颂

庄姜的美貌和高贵身份在卫国引起了极大的轰动。卫国的贵族和民众为她创作了一首著名的诗歌《硕人》,这首诗被后世收录在《诗经》之中,成为千古传诵的美人之歌。

《硕人》一诗中,庄姜的美貌被描绘得栩栩如生,仿佛她的形象跃然纸上。诗中第一句"硕人其颀",直接点出庄姜高挑的身材,她不仅外貌出众,体态也显得十分优美。接着诗中描述她"衣锦褧衣",意即庄姜穿着华丽的衣锦,外披轻纱。她的衣着不仅华美,还散发出一种贵族的优雅风范,令人仰慕不已。

诗中进一步描绘了庄姜的身份和背景,"齐侯之子,卫侯之妻,东宫之妹,邢侯之姨,谭公维私。"

这些身份不仅强调了她的高贵出身,也突出了她作为卫国国母的重要地位。作为齐国的公主,庄姜的家族背景显赫,身份尊贵。她不仅是齐侯的女儿,还是卫侯的妻子,兼具东宫的血脉和其他重要家族的联系。这些身份使得她在卫国的地位无与伦比,令人敬畏。

随后,诗歌将庄姜的美貌细腻地刻画出来:"手如柔荑,肤如凝脂,领如蝤蛴,齿如瓠犀,螓首蛾眉,巧笑倩兮,美目盼兮。"这些描写将庄姜的外貌描绘得淋漓尽致。她的手像初生的嫩芽,肌肤像凝脂一样细腻光滑,脖子修长优美,牙齿洁白整齐,头发乌黑浓密,眉目传神。尤其是她的笑容,

5

更是充满了魅力,眼波流转之间,流露出一种迷人的风情。

在这首诗中,庄姜的美丽与高贵不仅仅停留在外表,更渗透在她的一举一动、一颦一笑中。诗中的每一句都充满了对她的崇拜和赞美,将她的形象升华为一个完美的化身,成了那个时代的美人典范。

《硕人》的出现更是对她身份的高度认可。作为齐国的公主,卫国的国母,庄姜代表着两个强大国家的联结,象征着权力、地位与尊贵。因此,诗中的赞美,不仅是卫国人民对她个人的敬仰,更是对她背后强大国家的敬意与向往。

薄命佳人

庄姜的诗歌创作,是她内心情感的真挚表达,也成为她一生才情的见证。她的作品写出了她对个人命运的思考,更反映了她所处的时代背景与社会环境。庄姜的早期作品多以描写宫廷生活和自然景色为主。这些作品风格清新,充满了对美好生活的向往。

她擅长用细腻的笔触描绘生活中的细节,展现了她内心的敏感和对生活的热爱。这些作品虽然不如她后期的作品那样深沉,但已经展现出了她在诗歌创作方面的才华。

公元前753年,庄姜与卫庄公成婚,婚礼盛大而隆重,十里红装,迎亲的队伍浩浩荡荡。她的美貌与温婉赢得了卫庄公的喜爱,两人新婚之初,恩爱非常,几乎成就了一段王子与公主的完美爱情。然而,这段幸福的婚姻却未能持久。

婚后不久,庄姜发现自己无法生育。在古代社会中,子嗣象征着家庭的

庄　姜

延续，也是一个女性在婚姻中地位的象征。无后意味着不孝，这在当时是无法容忍的过失。庄姜深知这一点，虽然她在努力维持着这段婚姻，但三年过去了，她依然没有孩子。这一情况迅速改变了她在宫中的地位，也动摇了卫庄公对她的宠爱。

随着时间的推移，卫庄公逐渐移情别恋，迎娶了陈国的美女厉妫（guī）。厉妫为卫庄公生下了儿子孝伯，得宠不已。随后，卫庄公又娶了厉妫的妹妹戴妫。在这两位美妾的陪伴下，卫庄公逐渐疏远了庄姜。这位曾经被宠爱有加的王后，现在只能眼睁睁看着夫君的宠爱转移到别人身上。

尽管遭遇冷落，庄姜却没有因此怨天尤人。她始终恪守妇道，履行王后的职责，表现出极大的宽容与善良。孝伯不幸早逝后，庄姜将戴妫所生的公子完视如己出，用心教导，更是与戴妫情同姐妹，相处融洽。

她们共同商量，将公子完记在庄姜的名下，作为嫡子抚养。

庄姜画像

这样，尽管庄姜未能得到丈夫的宠爱，但她希望通过公子完的继位，能够在未来为自己保留一份依靠。

然而，她的命运却仍然充满了波折。在妫氏姐妹获得卫庄公的宠爱后，卫庄公又移情别恋，将自己的宠爱转向一位侍妾。这位侍妾为他生下了公子州吁。公子州吁因受宠而性格暴虐，而卫庄公不仅对他没有加以约束，反而对他更加溺爱,甚至将兵权交付给他。朝臣们曾经劝诫卫庄公,宠爱孩子的同时也要教之以规矩,不要放纵其恶行。卫庄公完全沉溺在对侍姜和州吁的宠爱中,对朝臣的劝谏置若罔闻。

面对这样的局面,庄姜内心充满了忧愁和无奈。她无法阻止卫庄公对公子州吁的偏爱,也无法改变自己在宫中的处境。

在这段不幸的婚姻中,庄姜并没有一味沉浸于自怨自艾之中,反而将这种深切的痛苦与孤寂转化为创作的动力。这期间写下了感人至深的《诗经·卫风·柏舟》。

在这首诗中,庄姜以"柏舟"为喻,描绘了一个孤独的女子在婚姻中遭遇冷落和背叛后,依然坚持自己信念、不屈不挠的坚忍品格。诗中写道:"泛彼柏舟,亦泛其流。耿耿不寐,如有隐忧。"这里的"柏舟",象征着坚韧不拔的意志,而"隐忧"则是庄姜内心深处对自己命运的深切忧虑。通过这首诗,庄姜表达了自己在遭遇婚姻不幸后,依然坚守自我、不甘屈服的决心。

《柏舟》反映了庄姜对人生困境的冷静思考。尽管命运多舛,但庄姜始终以坚强的意志面对生活中的种种不公与挫折。这种不屈的精神在她的作品中得到了充分体现,也成为后世人们缅怀她的重要原因。

公元前735年,卫国国君卫庄公去世,戴妫的儿子公子完继承了王位,成为历史上的卫桓公。卫桓公早已看出公子州吁野心勃勃,性格暴虐,但他不忍心将其处死,而是选择将他流放到卫国之外。流亡在外十多年的州吁,心中的仇恨与野心日益膨胀,他一直在寻找机会,企图夺回属于他的权力。最终,在公元前719年,州吁找到了机会,他策划了一场谋杀,杀死了卫桓公。

随后,州吁又策动火烧寝宫,企图将卫桓公的生母戴妫一同烧死,并对外宣称国君和太后因意外失火而亡。然而,庄姜早已察觉到州吁的阴谋,并且与戴妫情同姐妹,不忍见她遭遇不测。于是,庄姜设法将戴妫护送出城,试图保护她免受灾难。

在送别戴妫的途中，庄姜深知这一别可能是永别，心中充满了不舍与悲伤。她望着戴妫远去的背影，情感如潮水般涌上心头，最终她将这份离别的痛苦化作诗篇，写下了流传千古的《燕燕》。这首诗以燕子的自由飞翔与轻盈的身姿，反衬出庄姜对别离的愁苦和心中的无尽哀伤。诗中描绘了她一路送别戴妫，目送她远去，直至她的身影消失在视线中的场景，字里行间充满了泪水与伤感。诗中写道："燕燕于飞，差池其羽。之子于归，远送于野。"这段离别之情，既表达了庄姜对戴妫的深情厚谊，也透露出她对自己命运的无奈和伤感。

《燕燕》不仅是一首离别诗，更是一首情感丰富、意境深远的作品。燕子的南飞象征着人们对幸福与安宁的向往，而庄姜内心的失落与孤独则在燕子的远去中得到了淋漓尽致的展现。

通过这首诗，庄姜不仅抒发了对挚友的离别之情，也表达了她对自己人生境遇的深刻反思。庄姜以细腻的笔触，将她内心的情感与自然景象融为一体，形成了独特的诗意表达，使《燕燕》成为中国古代文学中流传千古的佳作。

在庄姜的作品中，《绿衣》《日月》和《终风》是她对人生困境和命运无常的深刻反思。特别是在她晚年生活中，庄姜目睹了桓公之死、戴妫的离去，以及卫国宫廷内的种种悲剧，她的创作愈发沉郁和感伤。《绿衣》这首诗，表现了庄姜对命运的无奈与控诉。诗中写道："绿兮衣兮，绿衣黄里。心之忧矣，曷维其已？"这首诗描绘了庄姜对过去美好时光的回忆与追怀，同时也表达了她对眼前残酷现实的痛心与无奈。

庄姜通过诗中的"绿衣"，象征着青春与希望的逝去，而她内心的忧伤和无助则在诗句中得到了很好地表达。

《日月》一诗，更是庄姜对命运无常的深切感叹。诗中写道："日居月诸，照临下土。乃如之人兮，逝不古处。"在这首诗中，庄姜将日月的交替与人生的短暂相对比，表达了她对时光流逝、人生无常的悲叹。日月如梭，岁月匆匆，而庄姜所经历的一切，正如这不断变换的日月，充满了不可预知的变故和无奈。

《终风》是庄姜最后的心声，她在诗中倾诉了自己内心深处最为隐秘的痛苦。诗中写道："终风且霾，惠然肯来？莫往莫来，悠悠我思。"通过这首诗，庄姜将狂风肆虐的景象与她内心的痛苦进行了巧妙地结合，表达了她对命运的抗争与无奈。尽管风霜雨雪不断袭来，但庄姜始终坚守着内心的信念，不为外界的困境所动摇。

作为齐国的公主和卫国的夫人，庄姜一生都在身份与命运之间挣扎，她的命运受制于父权和夫权，无法真正掌握自己的人生，这在她的晚年作品中表现得淋漓尽致。

难能可贵的是，即使在逆境中，她仍通过诗歌表达自己的情感与思想，显示了她对自我价值的坚持。

她的作品成为她对抗命运、寻求自我表达的重要方式，也让我们看到女性在任何环境下都应保持自尊与自强。我们可以从庄姜的生命中汲取力量，坚持自我，勇敢面对生活中的挑战，在追求自我价值和权利的道路上，不断前行。

庄 姜

岁月流芳

千古颂美人者,无出"巧笑倩兮,美目盼兮"二语。

——方玉润《诗经原始》

千古颂美人者,无出其右,是为绝唱。

——姚际恒《诗经通论》

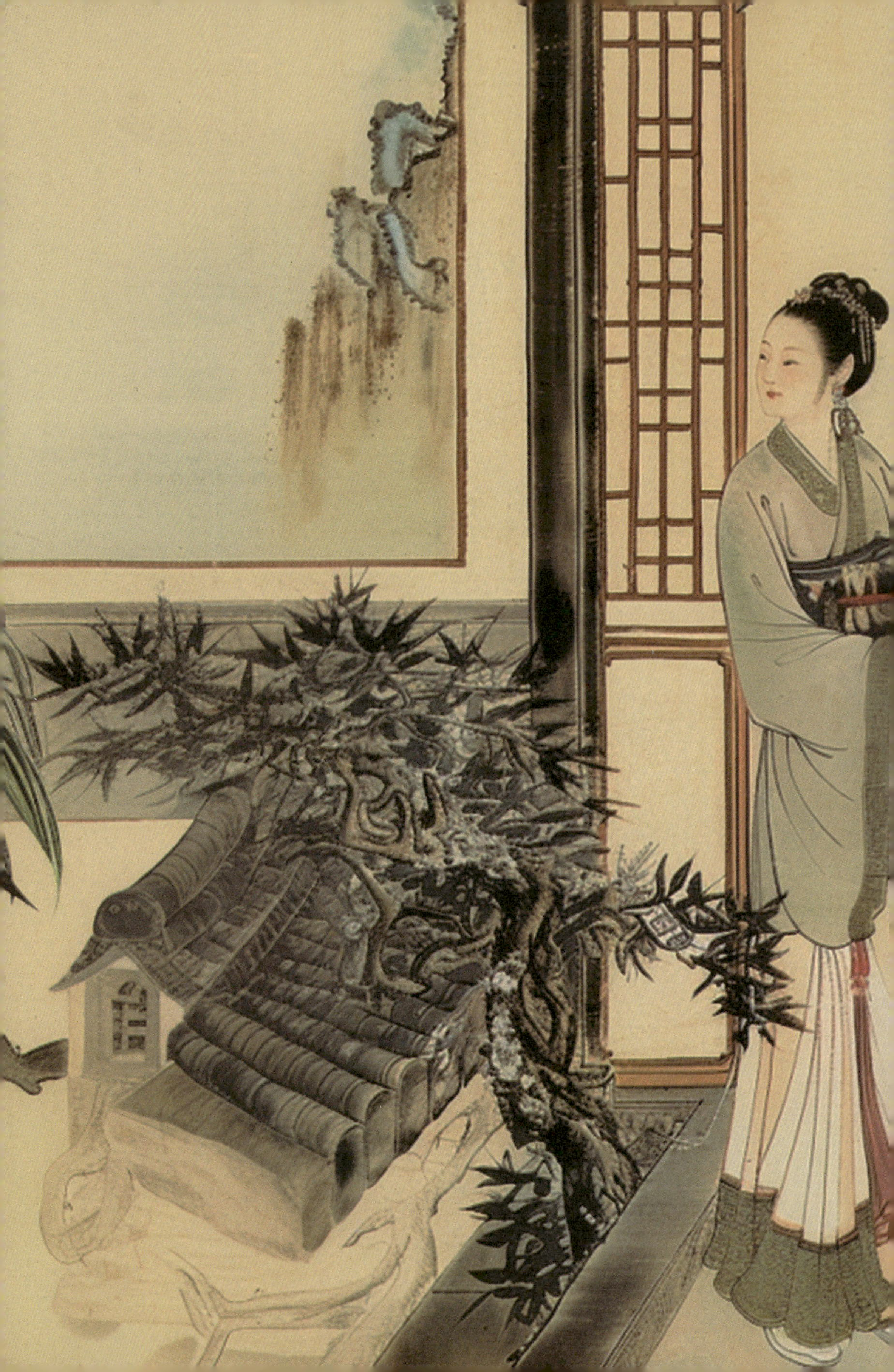

诗赋传情，敢爱敢恨
——卓文君

她是古代四大才女之一

她的爱情故事充满传奇色彩

她是勇敢追求自由爱情的文化瑰宝

灵秀初成

"诗赋传情,文君有才。"卓文君,名邛,字文君,汉朝著名的才女与诗人,生于公元前175年的四川省临邛(今四川省邛崃市)。她的父亲卓王孙是当地的富商,不仅家财万贯,还非常重视女儿的教育。卓文君自幼聪慧过人,卓王孙特地请来了名师为她讲授诗书礼乐,使她在文化熏陶中茁壮成长。

卓文君的才华在少女时期便已显露无遗。她博览群书,尤爱《诗经》与《楚辞》,并以精湛的琴艺闻名于世。卓文君不仅是文学天才,亦是一位精通音律的音乐家。她的父亲专门为她设立了琴室,让她在这片宁静的空间里尽情挥洒才情。文君在琴声中徜徉,灵感如泉涌,不仅创作出许多优美的诗篇,还将音乐与诗词结合,形成了独特的艺术风格。

卓文君的家庭背景和教育为她的才华提供了肥沃的土壤。卓王孙的家风淳厚,家中常有文人雅士聚会论道,这些文化交流无疑对卓文君产生了深远的影响。在这样的环境下,她不仅学到了许多书本上难以触及的知识,还锻炼了自己的社交能力与言辞风采。然而,卓文君的成才并不仅仅依赖于家庭的培养,她自身的勤奋与努力同样不可忽视。她每日坚持读书写作,琴棋书画样样精通。卓文君的才华不仅体现在诗词创作上,她还擅长书法,字迹清秀隽永,被誉为"才女中的才女"。卓文君的成才离不开她对生活的细致观察与深刻感悟。她常常游历山水,感受自然之美,并将这些感受融入自己的作品中。她的诗词充满了对自然景物的热爱与赞美,表达了她对生命的深切体悟。

卓文君

风韵逸事

夜奔相如

卓文君初次听闻司马相如的《凤求凰》琴曲时，便深深被其才华所吸引。那时，司马相如已在文坛小有名气，琴声中那种缠绵悱恻的情感让卓文君一见钟情。然而，卓文君的家境显赫，她的父亲对女儿的婚事有着严格的要求。由于门第差距，卓王孙对司马相如极为不满，坚决反对二人的结合。

卓文君心中早已决定，爱情的力量让她不顾一切。她深知与相如共度余生是她心中唯一的愿望。于是，在一个月色如银的深夜，卓文君悄然离开了父亲那座富丽堂皇的府邸。她没有带走任何繁华的装饰，仅带了几件简朴的衣物和相如提前准备的一些必需品。夜色中，卓文君与司马相如悄悄地策马逃离了临邛。月光下，他们骑马飞驰，风声与马蹄声在寂静的夜里回荡。两人奔向的目标是远在蜀地的成都，这里将成为他们新的开始。

卖酒济贫

婚后，卓文君与司马相如并非一帆风顺，尽管他们逃离了不支持他们的家庭，但经济问题始终困扰着他们。司马相如才华横溢，却由于没有显赫的地位和财富，难以立足于社会。在这种情况下，卓文君毅然决定亲自出面解决生计问题。

在成都,卓文君选择了卖酒作为谋生的方式。她在市区设立了一家小酒摊,自己亲自酿制酒水,并将其出售给过路的行人。为了吸引顾客,卓文君不仅在酒摊前准备了各种精致的美酒,还巧妙地装饰了摊位,吸引了不少人的注意。她穿着朴素但整洁的衣物,展现出她的风度与亲和力。卓文君的酒摊很快引起了众多文人墨客的关注。在酒摊前,她时常与顾客聊天,谈笑风生,气氛轻松愉快。她不仅仅是卖酒,更是一位热情的交谈者,通过与顾客的交流,她得以展示自己的才华和风采。卓文君的机智与幽默,使得她的酒摊迅速成了当地的一个热门去处。

卓文君画像

随着时间的推移,卓文君的酒摊生意越来越好。她不仅解决了家庭的经济问题,还积累了不少人脉和声誉。她的酒摊成了当时成都的一道风景线,也为她和司马相如的生活提供了稳定的支持。

卓文君

以诗解困

在卓文君与司马相如的婚姻生活中，尽管他们彼此深情，但也经历了许多波折。司马相如在获得一定的声誉和成功后，一度产生了纳妾的念头。这一决定让卓文君感到极大的痛苦，她不仅心碎不已，也对相如的忠诚产生了深深的怀疑。

卓文君并没有直接与司马相如争执或指责，而是选择用她的才华和智慧来化解这一危机。她创作了《白头吟》这首诗，以文字表达她对爱情的坚贞与执着。诗中写道："皑如山上雪，皎若云间月。闻君有两意，故来相决绝。"诗中的"山上雪"与"云间月"比喻了她对爱情的清白与纯洁，而"君有两意"则表达了她对相如变心的痛苦。卓文君用这首诗将她的感情和内心的挣扎展现出来，希望能够引起相如的深思。司马相如读到这首诗后，深受触动。他感受到了卓文君对爱情的坚定与忠诚，心中充满了愧疚与感动。最终，他放弃了纳妾的念头，重新回到卓文君的身边。二人的感情因此得到了修复，他们的婚姻也经历了风雨后的彩虹。

才华横溢

卓文君的文学成就与个人经历密不可分。她的诗作不仅反映了她的才情，更是她生活的真实写照。

卓文君早年的生活富足而安逸，家庭的教育和环境培养了她的文学才华。她的早期作品多以对自然和生活的赞美为主题，表达了她对生活的热爱和对自然美景的赞赏。她的诗作语言清丽，意境优美，展现了她对生活的细致观察和深刻感悟。卓文君与司马相如的爱情故事是她人生的重要转折点。两人的爱情不仅为后世留下了许多美丽的传说，也促使卓文君创作了大量优秀的诗作。相如的《凤求凰》琴曲成为他们爱情的象征，而卓文君则以诗歌回应，形成了独特的文学交流。

卓文君的代表作《白头吟》便是在这一时期创作的。《白头吟》以其真挚的情感和优美的语言在文学史上占有重要地位。它不仅展示了卓文君的文学才华，还反映了她对爱情的深刻理解。诗中那种对爱情的忠诚与执着，感动了无数后人，被誉为古代爱情诗歌的典范。诗句"愿得一心人，白头不相离"更是成了爱情誓言的经典表达，传诵千古。

卓文君的《怨郎诗》也广为人知。诗中通过一系列数字的排列组合，将时间的流逝和情感的累积逐渐表达出来，最终写出了她对司马相如一度冷落她的怨愤与不满，读者也在一句一句欣赏诗歌时体会到了文君的心情。诗中有句"噫，郎呀郎，巴不得下一世，你为女来我做男"将她对爱情的忧虑与期盼展现得淋漓尽致。卓文君在诗中巧妙地运用了比喻和象征手法，诗句因此更加生动形象，充满了感染力。

卓文君在离别司马相如时，创作了《寄郎诗》。诗中表达了她对相如的思念与牵挂。诗中有句："妾身未分明，何由有两情。"诗中那种对爱情的忠诚与执着，感动了无数后人，被誉为古代爱情诗歌的典范。卓文君在诗中表达了对爱人的思念与期盼，使得整首诗充满了温馨与感动。

晚年的卓文君始终保持着对文学的热爱。她的晚年作品多以对生活的感悟和对爱情的执着为主题，虽然数量不多，但每一首都饱含深情，展示了她对生活的深刻理解和对爱情的执着追求。她的诗歌语言更加凝练，情感更加深沉，反映了她在生活中的积累和沉淀。她的作品充满了对生活的热爱和对未来的希望，使得读者在欣赏诗歌的同时，也能感受到她的乐观与坚忍。

卓文君的作品不仅是她个人才华的展现，更是她生活的真实写照。她通过文学表达自己的情感与思想，使得她的作品具有独特的艺术魅力。卓文君的诗作语言清丽，意境优美，情感真挚，深受后人喜爱。她的作品不仅在文学史上占有重要地位，还对后世文学产生了深远的影响。卓文君以其卓越的才华和坚忍的品格，在古今中外的文学作品中都占据着重要地位。古人对她的评价多集中在她的文学成就和爱情故事上，赞扬她的才情与勇气；而现代人则更加关注她在困境中的智慧与坚忍，将她视为中国古代女性的典范。无论是古代还是现代，卓文君的名字和她的作品都在文学史上闪耀着永恒的光辉。卓文君的一生，无论是她的文学成就，还是她的爱情故事，都值得我们铭记和传颂。

岁月流芳

史公欲为古今女子开一奇局，使皆能自拔耳。

——王闿运《史记评林》

读《史记》，疑相如文君事不可入国史，推司马意，盖取其开择婿一法耳。

——陈锐《史记评注》

君到临邛酒垆，近来还有长卿无？

——李商隐《寄蜀客》

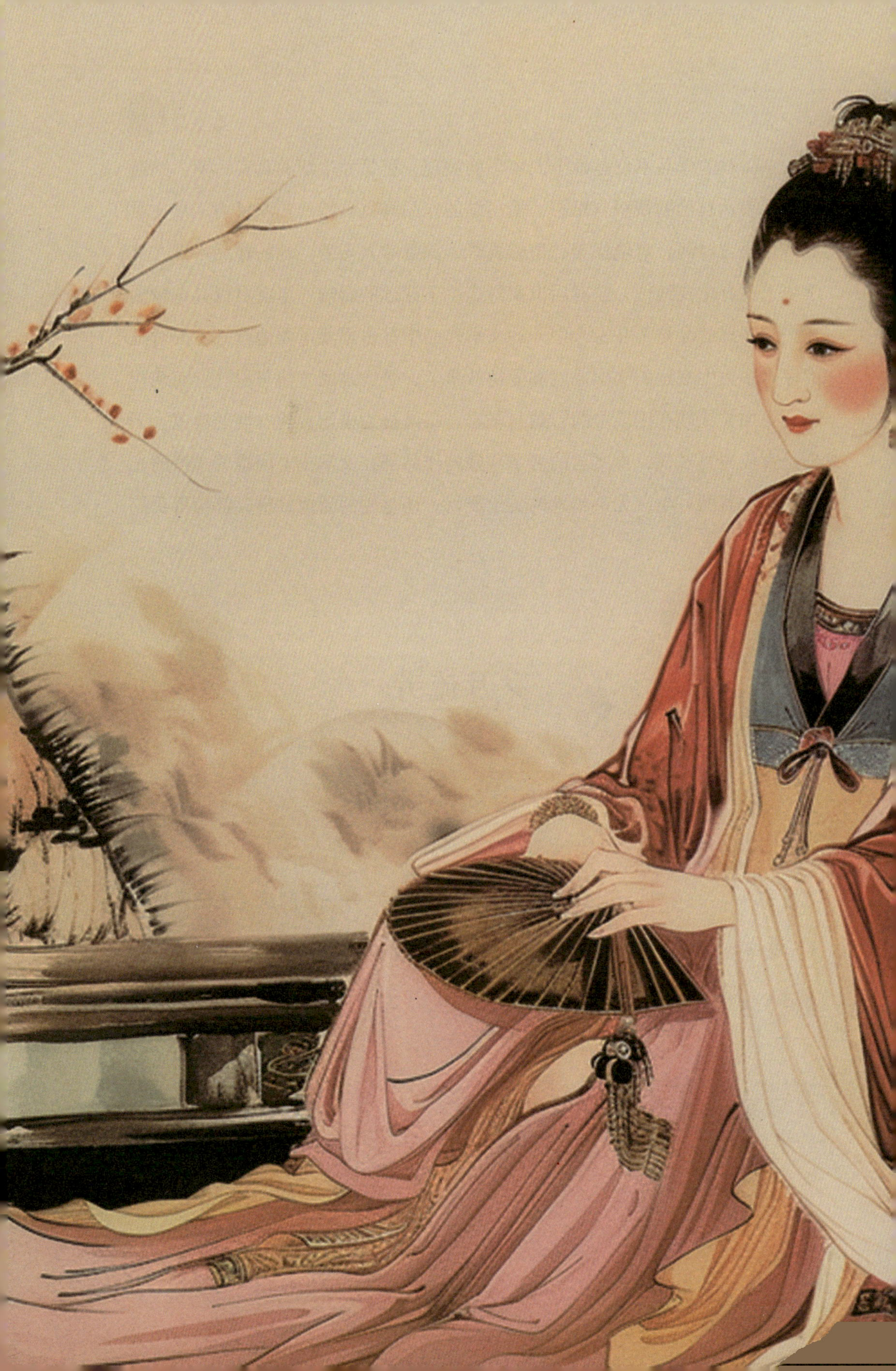

才貌双绝，贤德长情——班婕妤

她是西汉时期最杰出的辞赋家之一

她是汉成帝后宫中才貌双全的贤德妃子

她是历史上忠诚与德行的象征

灵秀初成

班婕妤，约公元前48年出生于扶风（今陕西咸阳东北），一说为楼烦（今山西宁武附近）。她出身于一个显赫的家族，其父班况曾在汉武帝时期担任左曹越骑校尉，为抗击匈奴立下赫赫战功。

班婕妤自幼聪慧过人，家教严格，在文学、历史、礼仪等方面接受了良好的教育。她的家族中人才辈出，如其侄子班固为《汉书》的作者，侄女班昭是《女诫》的撰写者，家族文脉延续，影响深远。班婕妤的家世背景为她的文学创作奠定了深厚的基础。

她从小耳濡目染，接触到了丰富的文化资源，这为她日后的文学才情奠定了基础。班婕妤自幼熟读诗书，尤其精通《诗经》。

班婕妤所处的时代，正是西汉王朝由盛转衰的关键时期。汉武帝去世后，社会动荡，政治腐败，社会矛盾日益加剧。这一时期的文学创作，往往带有浓厚的感伤情调，充满了对个人命运与时代兴衰的深刻反思。班婕妤的作品风格，也深受这一时代背景的影响，她的辞赋多以抒发个人情感为主，带有强烈的哀伤与自悼色彩。

班婕妤

风韵逸事

拒同辇

　　班婕妤入宫不久，汉成帝对她的宠爱便达到了一种无以复加的程度。为了表达对她的宠爱，汉成帝特地命人制作了一辆极为精美的辇车，意欲与班婕妤同乘出游。这一举动在当时的后宫中无疑是无上的荣耀，象征着班婕妤在皇帝心中的特殊地位。然而，面对这突如其来的荣耀，班婕妤却没有被一时的宠爱冲昏头脑。她知宫廷斗争的险恶，也明白帝王之宠如朝露，稍纵即逝。正因如此，她决定拒绝这一荣耀，以避免未来可能带来的祸端。

　　班婕妤拒绝汉成帝同乘辇车的原因，不仅是出于对自身安全的考虑，更体现了她对历史的深刻理解和对皇帝的忠诚之心。在面对汉成帝的邀请时，班婕妤婉言道："古时明君常有忠臣在侧，而那些失德的帝王则总是与妃子形影不离。夏桀、商纣因宠幸嬖妾而亡国，我若与陛下同辇出游，恐落人口实。"班婕妤的话语不仅仅是在自谦，更是对历史教训的深刻反思。

　　她以夏桀、商纣的例子为鉴，提醒汉成帝，一个真正的明君应以治国为重，而非沉迷于声色犬马之中。夏桀、商纣皆因宠幸妃子，耽于逸乐，最终导致国家灭亡。班婕妤之所以引用这些历史典故，是为了告诫汉成帝，帝王的荣宠若未有度，不仅可能毁掉一位妃子的声誉，更可能给国家带来灾难。她清楚地认识到，若因一时的宠爱而失去自我约束，可能会落人口实，给自己带来不可挽回的灾难。

　　班婕妤深知，身为一国妃子，不仅要有美貌和才情，更要具备超凡的智慧和深思熟虑的品格。班婕妤的这番话语，也让汉成帝看到了班婕妤作为一名贤妃的高尚操守。汉成帝虽然对班婕妤的拒绝感到遗憾，但也因此更加敬重她的见识与操守。这一事件在后世被广为传颂，成为班婕妤贤明与睿智的象征。

明哲保身

赵飞燕姐妹入宫后，班婕妤的处境愈发艰难。她虽然德才兼备，但难敌赵氏姐妹的美色与心机。赵飞燕曾设计陷害班婕妤，诬陷她参与巫蛊之术，意图谋害皇帝。然而，班婕妤冷静地辩驳道："寿命长短乃天命所定，非人力所能为。修德尚且难以得福，邪术又岂能得益？"她的辩词既合情合理，又展现了她的清白与无辜。汉成帝最终没有追究她的责任，反而更加怜惜她。班婕妤明白宫廷之中风云变幻，稍有不慎便可能身陷险境。于是她主动请求移居长信宫，侍奉皇太后，以此远离是非之地，避免与赵氏姐妹的正面冲突。这一举动不仅展示了她的聪明与机智，也反映了她对宫廷权斗的深刻认识。她的这一决定让她在后宫之中得以安然度过晚年，也为后世留下了"明哲保身"的典故。

长信秋词

班婕妤的文学创作，是她生命中最为璀璨的部分。班婕妤的文学才华在她初入宫廷时就展露无遗。作为一名年轻的才女，她的作品充满了对美好生活的向往和对爱情的憧憬。她早期的作品，如《怨歌行》，虽然表面上是一首写失宠的悲歌，但仔细品味其中的词句，可以感受到她内心深处仍旧保有的一丝对美好未来的期盼。《怨歌行》全诗云："新裂齐纨素，鲜洁如霜雪。裁作合欢扇，团团似明月。出入君怀袖，动摇微风发。常恐秋节至，凉飙夺炎热。弃捐箧笥中，恩情中道绝。"在这首诗中，班婕妤以"合欢扇"作为喻体，象征着她与汉成帝之间曾经的恩爱与和谐。诗中"新裂齐纨素，鲜洁如霜雪"，描绘了她刚入宫时的纯真与美好。然而，这一切都随着时光的流逝逐渐淡去，诗中"常恐秋节至，凉飙夺炎热"则表达了她对爱情冷却的忧虑。这首诗不仅表达了她对爱情的失望，也暗示了她对未来命运的不确定感。虽然诗中充满了哀怨，但其中也透露出班婕妤对当下生活的珍惜与感怀。

班婕妤画像

随着赵飞燕姐妹的入宫，班婕妤逐渐失宠。她从宫廷的中心退居到长信宫，这一时期，她的文学创作变得更加深沉和内敛。她在作品中不再仅仅是抒发情感，而是更多地表达了对人生无常的感慨和对自我价值的探寻。她创作了《自悼赋》来反思自己的人生，并表达对命运的无奈和对自我的检讨。

《自悼赋》是班婕妤对自身境遇的深刻反思，她写道："悲矣哉！昔我同列，受宠专房。翡翠珠玉，以为饰装。荣华易逝，壮志难偿。人道众口，妒我娇娘。美貌已衰，青丝成霜。自悼形容，命薄运长。"在这篇赋中，班婕妤详细描述了自己曾经享有的荣华富贵以及失宠后的落寞心情。她对昔日的盛宠表示出一定的怀念，但更重要的是她清醒地认识到这些荣华的短暂性和脆弱性。赋中的"荣华易逝，壮志难偿"一语道破了她对现实的无奈，以及对理想无法实现的痛苦。此外，班婕妤在《自悼赋》中还展现了对命运的深刻思考。她认识到，自己并非因为自身的过失而失宠，而是因为宫廷内外的复杂人际关系和不可控的命运。她在赋中写道"人道众口，妒我娇娘"，表明她已经看透了人性的复杂和宫廷中的明争暗斗。她不再只是感叹命运的不公，而是开始深刻地思考人生的意义以及自身在历史长河中的位置。

晚年时期的班婕妤已经历经沧桑，心境也变得更加平和和超然。在《捣素赋》中，她通过描写日常的纺织劳作，表达了对平淡生活的接受和对世俗功名的淡泊。"寒风萧瑟，素手捣衣。浣纱成布，劳作不怠。虽无盛宠，不求荣归。心平气静，安度余生。"这篇赋表现了班婕妤在失宠后的平静生活。她通过描写自己在寒冷的秋风中捣衣，展现了她对平淡生活的适应和接受。赋中的"虽无盛宠，不求荣归"表明她已经彻底放下了对宫廷荣华的执念，转而追求内心的宁静与安详。《捣素赋》还透露出班婕妤对生命意义的更深层次理解。在赋中，她没有对命运的抱怨，也没有对过去的悔恨，而是以一种淡然的态度面对自己的人生。这种超脱世俗的境界，正是她在经历了人生的波折后所达到的精神高度。她不再追求外在的荣华，而是转向了内心的宁静与满足。这种心境上的转变，使她能够在晚年时期获得内心的安宁，并以一种更加平静的方式度过余生。

班婕妤的才情，通过她的作品得到了充分的展现。从早年的《团扇歌》到中年的《自悼赋》，再到晚年的《捣素赋》，她用诗赋记录了自己的人生经历和心路历程。无论是对青春的哀愁、对命运的反思，还是对平淡生活的接受，班婕妤始终保持着对文学的热爱和对人生的深刻思考。班婕妤作为东汉时期的才女，她的生平和作品为后世女性，尤其是中国古代女性，带来了多方面的启示。她不仅以她的才华著称，更重要的是，她在面对命运的无常、宫廷的险恶以及个人的失宠时，展现了超凡的智慧、坚忍的意志和高尚的品德。

班婕妤的一生充满了戏剧性的转折，从初入宫廷的青涩到盛宠时期的荣耀，再到失宠后的孤寂与反思，最后在长信宫中度过了宁静的晚年。她通过文学创作，记录下自己在不同人生阶段的心路历程和情感体验。无论是在盛宠时期的自省，还是在失宠后的沉思，她始终保持着对文学的热爱和对人生的深刻思考。班婕妤的文学作品是她个人情感的真实写照，也是对她所处时代的深刻反映。她通过对自身经历的书写，展现了一个古代女性在封建社会中的困境与抗争。她的才情不仅为她赢得了历史的尊敬，也为后世留下了宝贵的精神财富。

岁月流芳

汉代女文学家被捧为圣人者有二人，一是班婕妤，一是班昭。

——谭正璧《中国女性文学史》

有德有言，实惟班婕。盈冲其骄，穷悦其厌。在夷贞坚，在晋正接。临飚端干，冲霜振叶。

——曹植《曹植集校注》

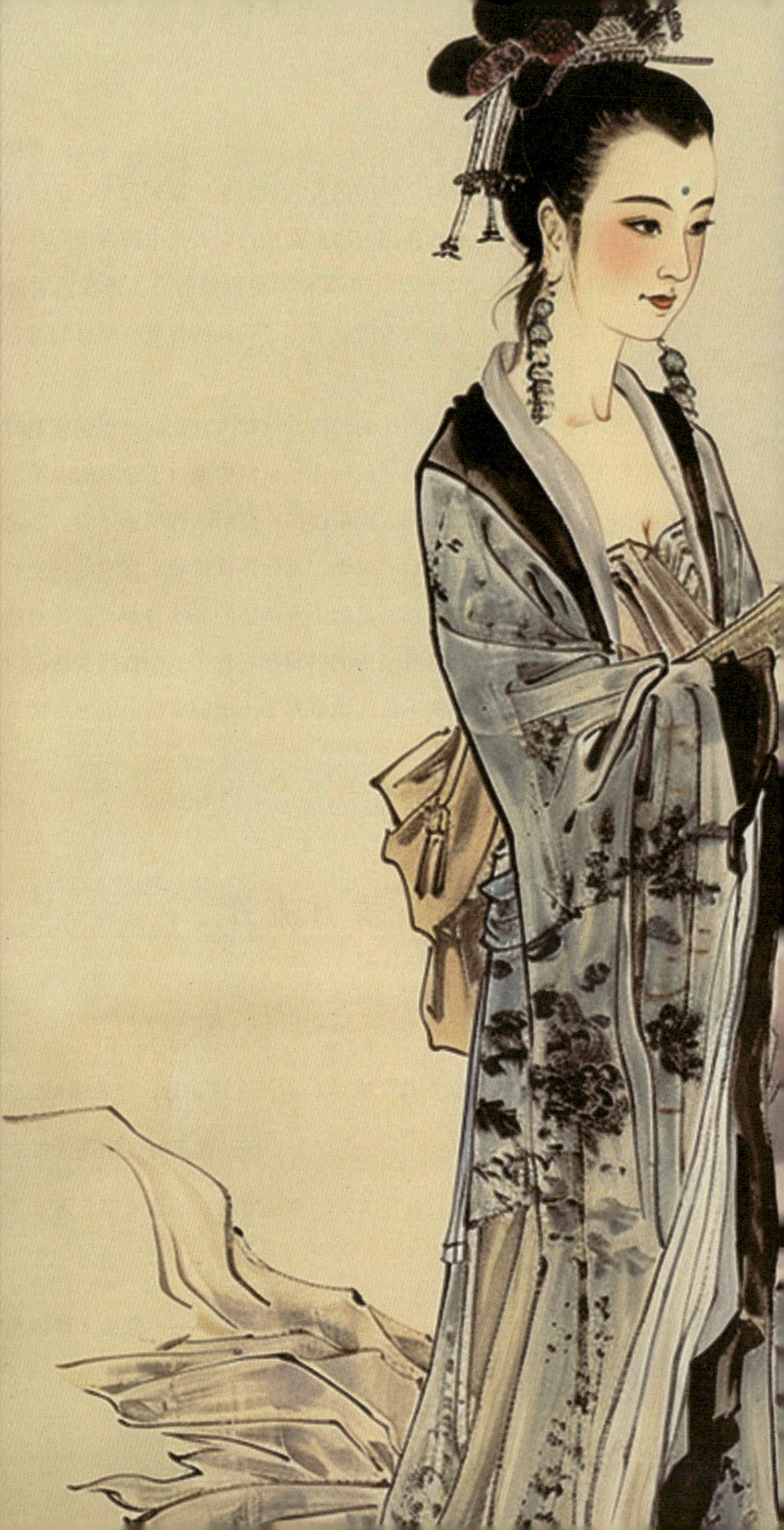

史笔千秋，博学多才

——班昭

她是《汉书》的作者之一

她是中国古代著名的女史学家

她是中国历史上第一位有著作留存的女性

灵秀初成

班昭，像所有东汉人一样，经历了社会的种种变迁，在和平与动荡的交互影响之下走完了自己丰富多彩的一生。班昭（约49年—约120年），字姬，一字惠班，东汉著名史学家、文学家，号"班女"。她是班固、班超的妹妹。她的父亲班彪是著名史学家，对她寄予厚望，悉心培养她的才学。

班昭自小才华横溢，酷爱读书。成长过程中，她的家庭对她的学术发展给予了极大的支持和鼓励。她的父亲班彪不仅是她的启蒙老师，还为她提供了丰富的藏书，使她在史学和文学方面得到了充分的发展。

班昭的母亲是一位贤惠而有智慧的女性，她非常重视对孩子们的教育，特别是班昭的教育。母亲不仅在生活上给予班昭无微不至的关怀，还在学术上对她进行悉心地指导。

父亲班彪逝去后，在母亲的教导下，班昭不仅掌握了大量的知识，还培养了严谨的治学态度和勤奋的学习精神。班昭的教育除了家庭环境的熏陶之外，便只能"赖母师之典训"。母亲是一位博学多才的女性，她经常和班昭一起阅读和讨论书籍，帮助班昭理解书中的内容。母亲还经常鼓励班昭写作，通过写作来表达自己的思想和感受。

班昭在家庭的支持和培养下，逐渐成长为一位才华横溢的文学家和史学家。她不仅在学术上取得了显著的成就，还在文学创作上展现出非凡的才华。班昭的作品内容丰富，文笔优美，深受人们的喜爱。她的文学创作不仅表现了她对历史和文化的深刻理解，还表达了她对人生和社会的独特见解。她在创作中常常运用独特的视角和手法，使她的作品具有独特的魅力。班昭不仅继承了家庭教育中的优秀传统，还在创作中不断创新，使她的作品具有时代特征和独特风格，班昭的家庭教育对她一生产生了深远的影响。

风韵逸事

邓骘和大司马邓绥的忠孝

大将军邓骘是汉和帝时期大司马邓绥的哥哥，他们兄妹二人在朝中有着极高的地位和影响力，哥哥邓骘一直驻军北部边防，是保卫国家的重要将领。然而，母亲去世后，哥哥邓骘决定辞去军职，回老家守孝，大司马邓绥深知哥哥在朝中的重要性，不愿意让哥哥辞职归乡。但邓骘决意已定，坚决要辞职回乡守孝。大司马邓绥面对这一情况，感到进退两难。

为了寻求一个合理的解决办法，大司马邓绥找到了朝中著名的女学者班昭，向她请教对策。班昭聪慧过人，她深知这种情况下直接劝阻大司马邓绥未必有效。于是，她没有直接表明自己的观点，而是先讲述了一些历史典故，引导大司马邓绥思考。班昭提到了古代名将的事例，如战国时期的赵奢。赵奢在父母去世时，也曾面临类似的困境，最终选择了继续为国效力，而在事后得到了后世的赞誉。班昭通过这些历史故事，间接地向大司马邓绥传递了一种思想，即在忠孝之间找到平衡的重要性。

在讲述完这些故事后，班昭才绕回到大将军邓骘辞职这件事上。她说："大将军此次辞职回乡，不仅是为了守孝，也是为了保全'忠孝'两全之美誉。这是一个难得的机会，让他在朝中留下忠孝两全的好名声。"班昭的这番话让大司马邓绥感到深受启发。班昭接着又补充道："不过，若是将来万一发生些什么事情,大将军此时的做法没准儿就会被人拿来说事。"这句话点到了关键。班昭的言外之意是,如果大将军邓骘现在选择辞职,虽然是为了尽孝,但将来若朝中发生变故,这次辞职可能会被人用来攻击他,认为他是为了逃避责任而选择辞职,这会给大将军邓骘和大司马邓绥带来潜在的政治风险。

大司马邓绥是个聪明人,自然听出了班昭话中的深意。她意识到,自己不可能一直掌握朝政大权,一旦大权旁落,任何一桩小事都可能被政治对手利用,进而引发大的争端。在古代,忠孝观念深入人心,自从汉武帝独尊儒术后,这种思想已经根植于民间,没有人愿意在忠孝二字上出现纰漏。大司马邓绥经过深思熟虑,最终决定从大局出发,批准了大将军邓骘的请求。她知道,兄长辞职回乡不仅能安抚家族的孝心,也能在未来的政治斗争中为自己和家族赢得更多的民心和支持。大将军邓骘辞职回乡后,大司马邓绥虽然失去了一个重要的助力,但她也因此赢得了朝中官员和民众的尊重。人们看到大司马邓绥能够体谅兄长的孝心,也懂得在忠孝之间找到平衡,纷纷称赞她的明智决策。而邓骘在回乡期间,依然关注朝政,时刻准备着为国家贡献自己的力量。

为兄超求代疏

汉和帝永元十二年(公元100年),西域长期为匈奴所控制。汉明帝为扩展国威,派遣名将班超率领三十六人前往西域,最终成功打通了"丝绸之路",巩固了汉朝对西域的统治。这一壮举不仅彰显了汉朝的强大,也促进了中西方文化的交流。班超在西域驻守三十一年,立下赫赫战功,然而,年近六十八岁的他,思乡之情愈发浓烈,便上书请求辞职归乡。

班昭,心系兄长,深知其年老多病,不堪再承重任,遂写下《为兄超求代疏》奏疏,恳求朝廷派他人替代班超镇守西域。班昭的这篇奏疏情辞并茂,既有理有据,又充满了浓浓的亲情,深感人心。

班昭

在奏疏的开篇，班昭首先详细叙述了班超所受的恩遇之隆，展示了他对朝廷的忠诚和感激之情。她列举了班超在西域的丰功伟绩，展现了他为国家所做出的巨大贡献。然后，班昭说道，班超已年老多病，留在边疆不仅对他本人无益，对国家也无所裨益。她强调，西域之地环境恶劣，非年富力强者不能久留。班超年事已高，体力不支，再继续担任重任，实在是力不从心。此外，班昭还指出，当时朝廷并未考虑到这一问题，无人替代班超归还，这让班超深感忧虑，班超才不得不亲自上疏请辞，但至今仍未被采纳。于是，班昭便代替兄长写下这篇奏疏，希望通过自己的陈述，能让朝廷了解班超的真实情况和迫切心情。

班昭的这篇奏疏通过翔实的论证和恳切的表达，不仅为兄长争取到了应有的休息和归乡的权利，也向朝廷展示了她深明大义、心怀家国的高尚情操。这篇奏疏，既是班昭对兄长的深情厚谊的体现，也是她对国家和朝廷的忠诚和责任感的真实写照。

脱颖而出

汉代是一个女性文人辈出的时代，她们将自己的生活经历转化为诗歌和辞赋等文学形式，创作了许多优秀的作品，丰富了汉代的文坛。她们的创作才华也得到了后人的认可和好评。

与同时代的其他女性文人相比，班昭在文学创作上崇尚古人，不仅继承了前代女性文人的真性情，创作出意蕴深厚的作品，还表现出独有的创新精神。班昭的才华让她在东汉时期成为备受尊崇的女性知识分子。她通过结合古人的智慧与创新精神使自己的作品在内容和形式上既保持了传统的优雅，又融入了个人的独特视角。这种融合使她的文学创作具有强烈的时代特征，在汉代文坛上闪耀出独特的光芒。

班昭的哥哥班固是《汉书》的主要撰写者，但他在完成《汉书》之前便去世了。班昭继承兄志，继续完成了这部伟大的历史著作。《汉书》不仅是中国历史上第一部纪传体断代史，更是历代史学家研究中国古代历史的重要资料。

班昭在《汉书》中展现了她卓越的文学才华和深厚的学术造诣。她不仅善于描绘历史事件的细节，还能通过文字展现出当时的社会风貌。例如，她在《汉书》中详细记述了汉武帝时期的政治改革、军事扩张，以及丝绸之路的开通和对外贸易的繁荣。

这些记述不仅让后人了解了汉代的历史进程，也展示了班昭对历史事件的深刻理解和独到见解。此外，班昭还在《汉书》中对当时的文化习俗进行了深入的描绘。例如，她在书中描述了汉代的礼仪制度、婚姻习俗、家庭生活等方面的内容，通过这些细节展现了汉代社会的多样性和复杂性。班昭通过《汉书》，不仅记录了汉朝的辉煌历史，还为后人提供了研究古代社会文化的重要资料。

班昭的另一部作品《女诫》，详细论述了妇女应有的德行、言谈、容貌、功业，这本旨在教导女性品德的书在当时社会产生了深远的影响。《女诫》包括了《卑弱》《夫妇》《敬顺》《妇行》《专心》《曲从》与《和叔妹》七篇，原本是为了教导班家女儿的私家教科书，但后来却风行全国，成为当时京城世家争相传抄的对象。《女诫》的诞生背景深刻反映了汉代社会对女性教育的重视。班昭通过这本书，倡导妇女应具备的道德品质

班昭画像

和行为规范，强调女性在家庭和社会中的角色与责任。她在书中指出，女性应当以"卑弱"为本，谦逊柔顺，以维护家庭和谐。她还强调了夫妇之间的相互尊重和支持，认为夫妻关系的和睦是家庭稳定的基础。班昭通过《女诫》向女性传授了如何在家庭和社会中获得尊重和认可的智慧。《女诫》还被翻译成多种语言，影响了东亚乃至世界其他地区的妇女教育。这本书成为后世妇女教育的重要典范，对后来的女性行为规范和道德教育产生了深远的影响。班昭通过《女诫》向世人展示了她深厚的学识和对女性教育的独到见解，为中国古代妇女教育做出了重要贡献。

班昭在汉代女性文人群体中脱颖而出，不仅代表了那个时代的文学成就，也为后世的文学发展提供了宝贵的经验和灵感。她的文学贡献和独特风格，使她在中国文学史上留下了不可磨灭的印记。

岁月流芳

昭字惠班，少有才辩，博学多通，尤明《春秋》。

——范晔《后汉书》

班昭续《汉书》，文辞典雅，实为后世所宗。

——刘知几《史通》

班昭之才，足以继兄之业，成一家之言。

——王夫之《读通鉴论》

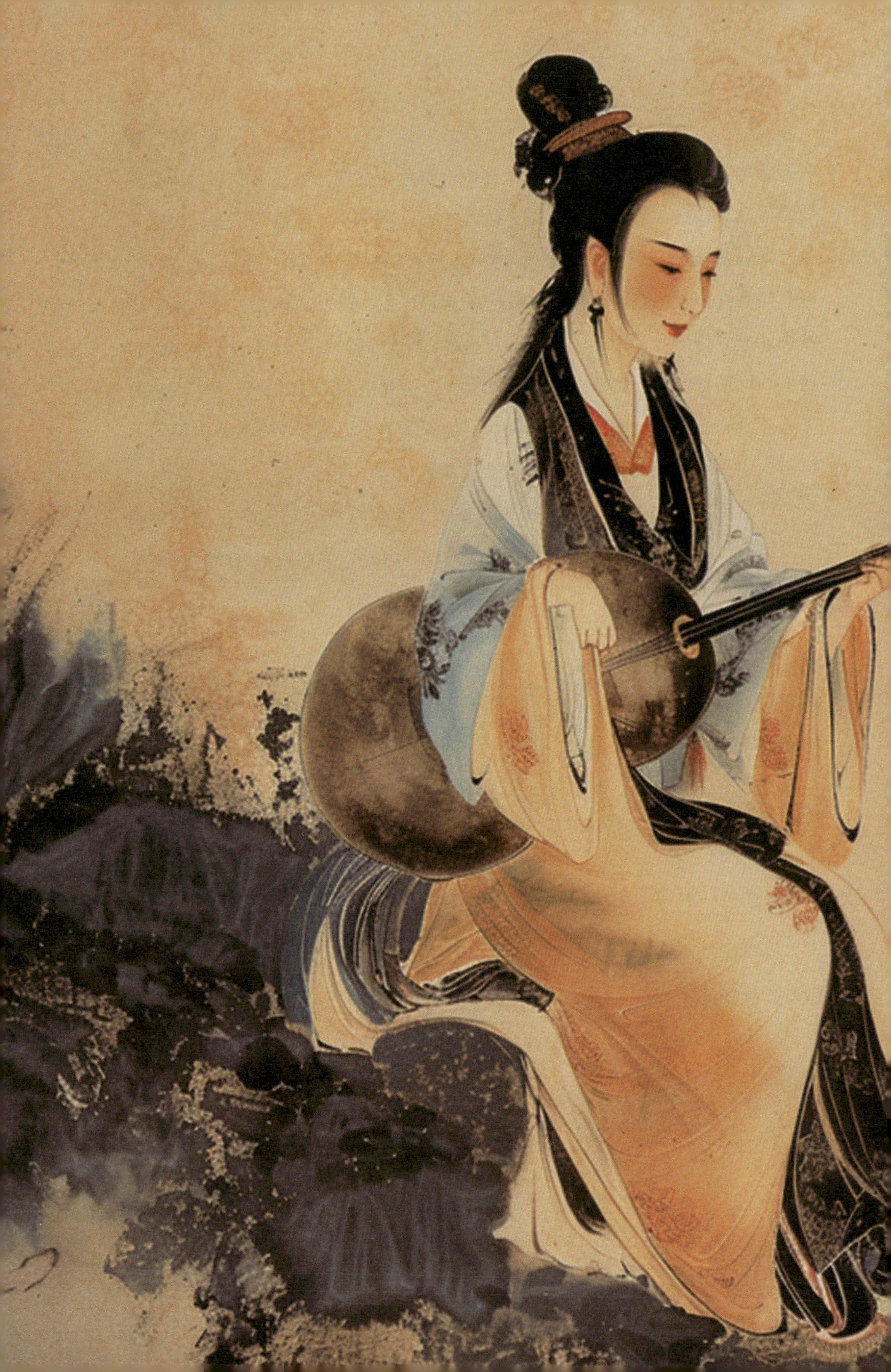

文音双绝,名垂千古 ——蔡文姬

她被称为『千古才女』

她是文学与音乐双绝的天才

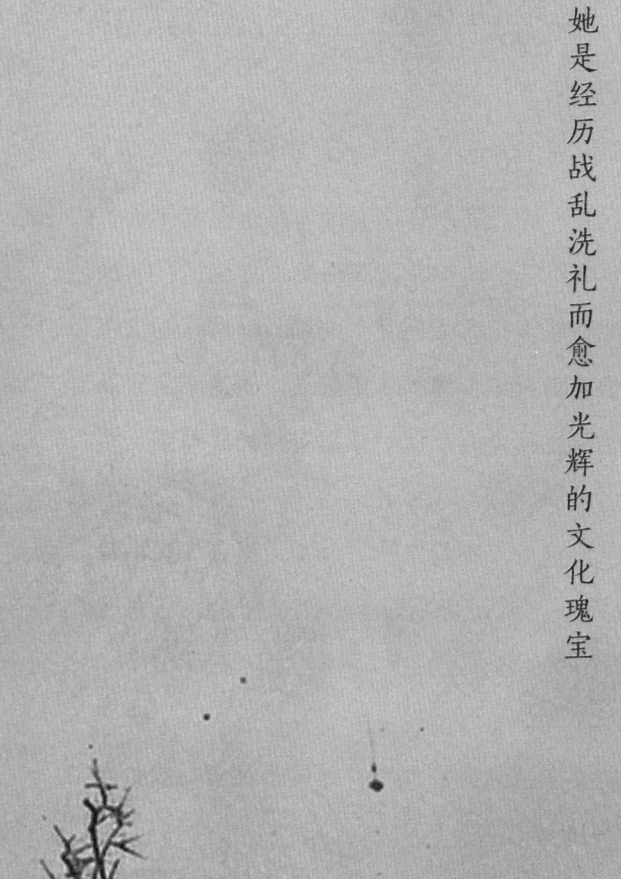

她是经历战乱洗礼而愈加光辉的文化瑰宝

灵秀初成

"文姬有才，以文名世。"蔡文姬，名琰，字文姬，是东汉末年著名的才女。蔡文姬（约177年—约249年），幼年时就展现出了卓越的文学和艺术天赋。蔡文姬的幼年生活犹如一块美玉，受到父亲的细心呵护。她出生在东汉末年的一个书香世家，父亲是名满天下的大才子蔡邕，是大文学家兼书法家，书法上的"飞白体"就是蔡邕首创的。父亲蔡邕对她寄予厚望，悉心教导她读书写字、音律弹奏。

家中书香浓郁，文姬自小沉浸在诗书画卷之中，耳濡目染，文思敏捷，才华横溢。蔡文姬在父亲的熏陶下，自幼聪颖好学，饱读诗书，尤其擅长音律和书法。她不仅继承了父亲的才华，还在文学和艺术上展现出了非凡的天赋。

随着年龄的增长，蔡文姬的文学造诣愈加深厚，她的诗文清新脱俗，文采斐然，受到了父亲及当时学界的赞誉。

她不仅精通文学，还在音乐上有很高的造诣，尤其擅长琴艺，琴声如流水般清澈，令人陶醉。她的才华使她在文人圈中崭露头角，成为当时著名的才女之一。

蔡文姬

风韵逸事

胡笳十八拍

东汉末年战乱频繁，社会动荡不安。蔡文姬的生活也因此遭遇巨变。在她二十岁左右时，家乡遭遇战乱，她被匈奴掳走，远嫁给匈奴单于为妻，经历了十二年的离乡背井、艰苦卓绝的生活。

在匈奴的十二年间，蔡文姬生下了两个孩子，但她对故乡的思念却未曾减退。她怀念中原的文化和亲人，尤其是在漫长的北国夜晚，她常常以琴音抒发心中的哀愁和孤独。为了表达对家乡的思念和在异乡生活的艰辛，蔡文姬创作了著名的《胡笳十八拍》。

《胡笳十八拍》是蔡文姬在夜深人静时，用胡笳（类似于横笛的一种乐器）演奏出的十八段乐曲，每一段都饱含她的思乡之情和苦涩经历。她的音乐婉转哀怨，感人至深，令听者无不动容。"胡与汉兮异域殊风，天与地隔兮子西母东。苦我怨气兮浩于长空，六合虽广兮受之应不容！"正是这段音乐，成为后世人们了解她心路历程的重要作品。

后来，曹操得知了蔡文姬的遭遇，深感她的才华和忠贞不应埋没在异乡。他派人用重金赎回蔡文姬，将她迎回中原。蔡文姬虽然回到了故土，但她在匈奴的经历已深深刻在她的心中，《胡笳十八拍》也因此流传千古，成为中国古代音乐文学中的经典。

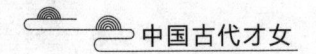

归汉后的遗恨

蔡文姬回到中原后，曹操安排她与董祀结婚。虽然生活逐渐安定下来，但她在匈奴生活的经历和两个孩子却始终是她心中的伤痛。

有一天，蔡文姬在家中独自弹琴，一曲终了，泪水已不自觉地流满面庞。董祀见状，心中十分不忍，便问她为何如此伤心。蔡文姬叹道："我虽回到中原，但我在匈奴的两个孩子却留在了北方。每当思及他们，我心如刀割，不知他们是否安好。"董祀深知蔡文姬的痛苦，但他也无能为力，只能默默陪伴在她身边。

蔡文姬的悲伤引起了曹操的关注。为了安抚她，曹操设法让蔡文姬与北方的匈奴联系，希望能够接回她的孩子。经过多方努力，终于有消息传来，匈奴单于同意让孩子们回到中原。蔡文姬喜出望外，但同时也充满了担忧和复杂的心情。

孩子们回到中原后，蔡文姬与他们团聚，但此时的孩子们已深受匈奴文化的影响，对中原的生活感到陌生和不适应。蔡文姬既高兴又悲伤，她耐心地教导孩子们中原的礼仪和文化，希望他们能够融入新生活。然而，这种文化上的冲突和隔阂，让蔡文姬心中始终有一种难以抚平的遗憾。

蓬首徒行

蔡文姬的丈夫董祀因卷入政治纷争，被朝廷指控犯下重罪，面临着严厉的惩罚。得知这个消息后，蔡文姬心急如焚。她深知，在那个动荡的时代，一旦判决下来，丈夫很可能会被处死，家庭也将因此而破裂。

为了拯救丈夫，蔡文姬决定亲自去求情。她没有选择坐车或骑马，而是以一种最朴实无华的方式徒步前行。

到达朝廷门前时,蔡文姬已经疲惫不堪,双脚血泡,蓬头垢面的样子让人不忍直视。

然而,她的眼神中却充满了坚毅和恳切。她不顾自己的形象,恳求朝廷官员能够给她的丈夫一个机会。她讲述了丈夫的无辜,诉说了家庭的苦难,恳求官员们能够体谅她的心情。

她的真诚和坚忍最终打动了官员们。经过多次的恳求和努力,她的丈夫终于得到了宽恕,免除了死刑。这一刻,蔡文姬的心情如释重负,她用自己的坚忍和勇气,挽救了家庭,保护了自己的亲人。

挫折一生

蔡文姬的第一段婚姻如同一场梦,幸福而短暂。她的父亲蔡邕为她挑选了一位才貌双全的如意郎君——卫仲道。卫家出过不少大人物,如大将军卫青和皇后卫子夫,两家的结合可谓是门当户对,郎才女貌。蔡文姬与卫仲道相爱,丈夫对她宠爱有加,他们的婚姻生活仿佛一幅美丽的画卷。然而,命运往往喜欢捉弄人。

婚后仅一年,卫仲道便因病去世,蔡文姬那如花般的年华便被悲伤的阴霾笼罩。

16岁的她,骤然成为寡妇,整日以泪洗面,心中充满了无尽的哀痛和无奈。

更令人心寒的是,婆家将卫仲道的早逝归咎于蔡文姬,认为她不能生育且克夫,对她百般指责和冷嘲热讽。在那个"出嫁从夫"的年代里,蔡文姬却展现出了一丝叛逆的勇气。她不愿在婆家的冷眼中苟且度日,毅然决然地离开了那个充满痛苦的地方,回到了娘家。

回到父亲身边后,蔡文姬的生活暂时恢复了平静。蔡邕当时正得当权者董卓重用,事业一帆风顺,家中的生活也因此优渥起来。蔡文姬在娘家度过了一段安逸悠闲的日子,心中的伤痛也渐渐愈合。然而,好景不长,乱世中的局势变化无常。

董卓的突然死亡,使得蔡家的生活再次陷入了动荡。董卓被王允所杀,年迈的蔡邕经不起折腾,最终死在了牢狱之中。蔡邕的去世给蔡文姬带来了沉重的打击。母亲也因伤心过度,不久后离世。蔡文姬瞬间失去了最亲近的亲人,这个世界上再也没有人保护她了。

她从一个娇弱的千金小姐,变成了无依无靠的小羔羊,在风雨飘摇的乱世中无处可逃。

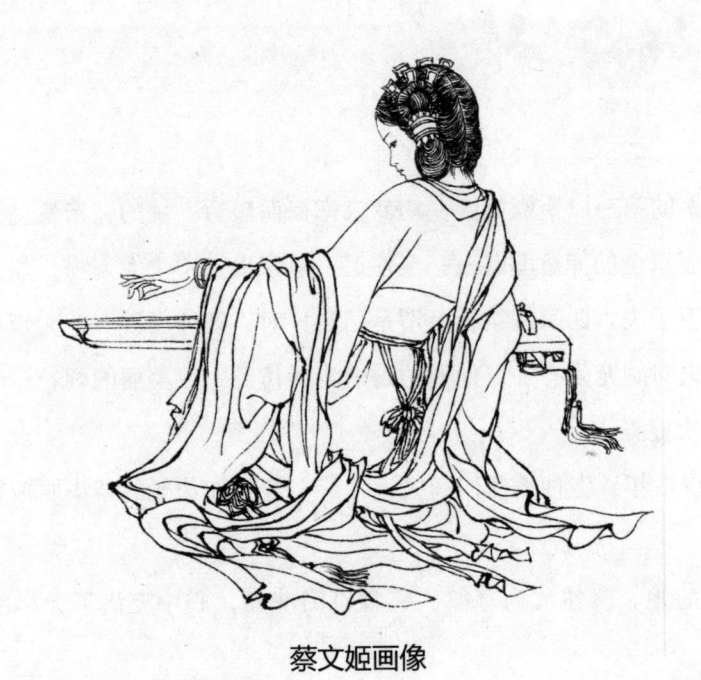

蔡文姬画像

公元196年,东汉末年的中原大地正陷于战乱之中,匈奴人趁此机会南下侵扰,所到之处无不残暴凶狠。蔡文姬也被匈奴左贤王掳走。蔡文姬在这段时间里，真是求生不得，求死不能。她的心中充满了无尽的悲痛和无奈，这种痛苦的经历被她记录在了《悲愤诗》中。

《悲愤诗》描述了她在被掳掠的过程中所见所感。如"或便加棰杖，毒痛参并下。旦则号泣行，夜则悲吟坐。欲死不能得，欲生无一可。彼苍者何辜，乃遭此厄祸。边荒与华异，人俗少义理。"她写道，男人们的头颅被割下，血淋淋地挂在马的两侧，马后捆绑着他们的妻女。这支队伍长驱直入西域，途中艰险重重，回望故土已是遥不可及。她的心如刀割，肝脾早已如同腐烂一般。

被掳掠的人数以万计，却被严禁聚集。就算是亲人见面，也只能默默无语，生怕招来匈奴人的毒打。她继续写道，匈奴士兵对他们动辄棰杖相加，毒打的痛苦让人难以忍受。白天，他们在号泣声中行走，夜晚则在悲吟中坐卧。生活如同地狱，想死却死不了，想活也看不到希望。她质问苍天，百姓何辜，竟遭此劫难。

但腹有诗书的女人，即使弱不禁风，骨子里也藏着一股坚毅。在匈奴的十二年间，蔡文姬虽然受尽苦难，但她始终没有放弃对故土的思念和对生的渴望。她学会了适应环境，与匈奴人相处，并在这个过程中逐渐找到了生活的平衡。

尽管生活艰难，她依然保持着自己的尊严和希望，努力坚强地活下去，她创作了大量的诗歌和文章，表达了她内心的苦闷与悲伤。她的《悲愤诗》就是其中的代表作之一，这首诗真实地反映了她在动荡年代的经历和情感，成为中国文学史上的经典之作。

终于，在曹操的帮助下，蔡文姬能重返故土。她的回归不仅是她个人的解脱，也是她内心对故乡的深切怀念得以实现的时刻。尽管她经历了如此多的苦难和悲痛，但她最终以坚忍和智慧战胜了命运的不公，成了一位令人敬仰的女性。

后现代评论家常常把蔡文姬看作中原文化和匈奴文化交融的象征。她在被俘后与匈奴人共同生活了十二年，其间不仅学会了匈奴语，还了解并记录了匈奴的风俗习惯。这段经历使她成为理解和阐释两种文化交融的关键人物。蔡文姬的人生经历，尤其是她在匈奴生活的那段时间，展示了她的坚忍和适应能力。蔡文姬的《悲愤诗》和《胡笳十八拍》常常被视为女性视角在古代文学中的独特贡献。

《胡笳十八拍图卷》第十五拍

她用诗歌表达了自己在动荡时期的悲痛和无奈，这种个人情感的真实表达在当时的男性主导的文学中显得尤为珍贵。她的作品为后世提供了女性在历史巨变中的独特视角。

蔡文姬的人生是对传统历史书写的一种反叛，她的个人经历和创作被视为对主流历史叙述的一种补充和挑战。

她的作品提供了对那个动荡时代更为复杂和多面的理解。她既是中原文化的传承者，又是匈奴文化的观察者和参与者。蔡文姬作为一位才华横溢、心怀故土的女性，在动荡的时代中，她经历了种种艰难和心灵的挣扎。她的音乐和诗歌，不仅是她个人情感的表达，更是那个时代众多饱受战乱之苦的人的心声。

蔡文姬

岁月流芳

端操有踪,幽闲有容。区明风烈,昭我管彤。

——范晔《后汉书·列女传》

气调桓伊笛,才华蔡琰琴。

——陈陶《溢城赠别》

此生已分老沙尘,谁把黄金赎得身。十八拍笳休愤切,须知薄命是佳人。

——徐钧《董祀妻蔡琰》

文姬之才辩,不幸而失身绝域。然能传父之业,免夫之死,有足称者,君子责备以为失节过矣。

——郝经《郝经集》

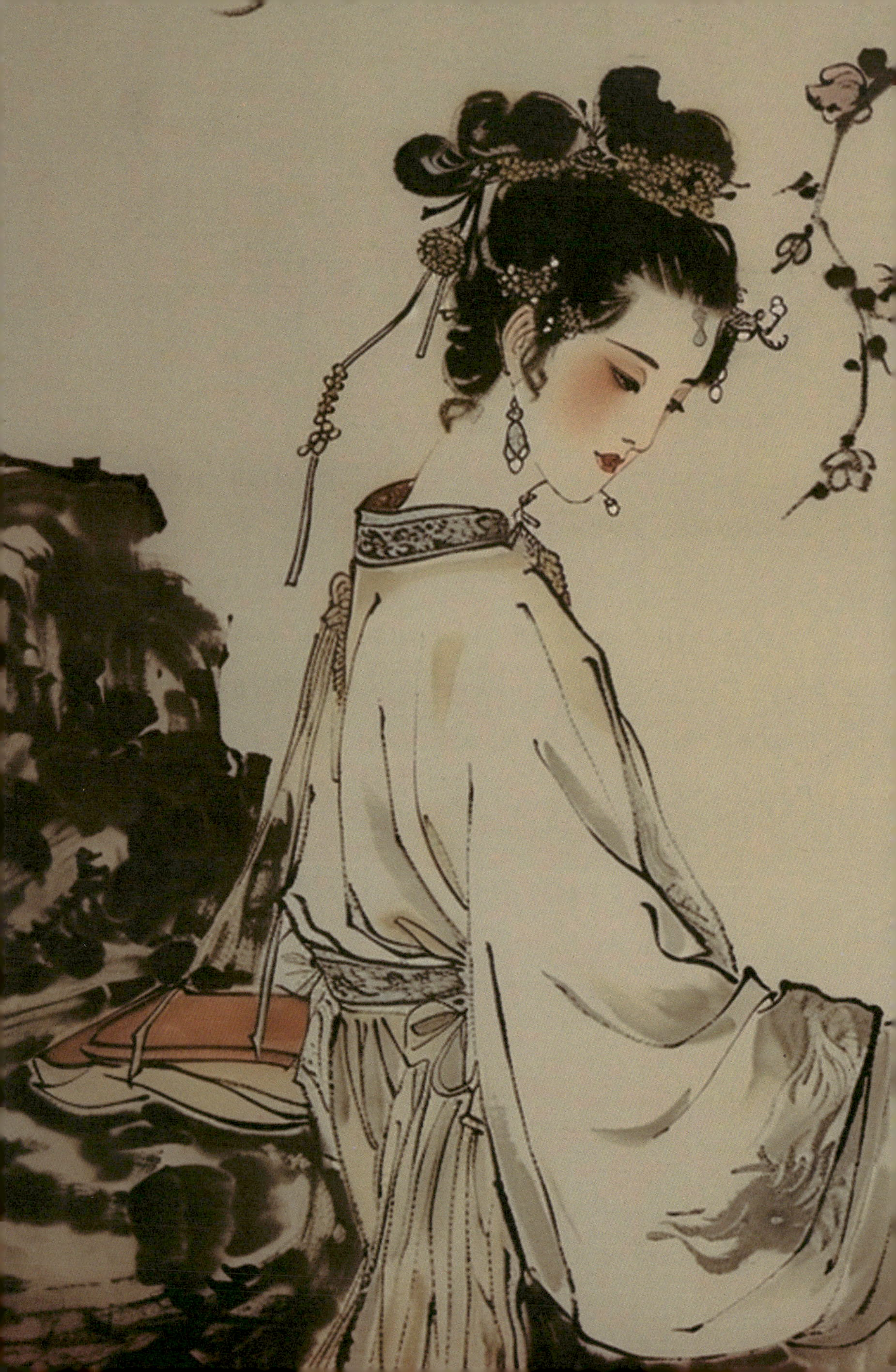

才德兼备,西晋女诗 —— 左棻

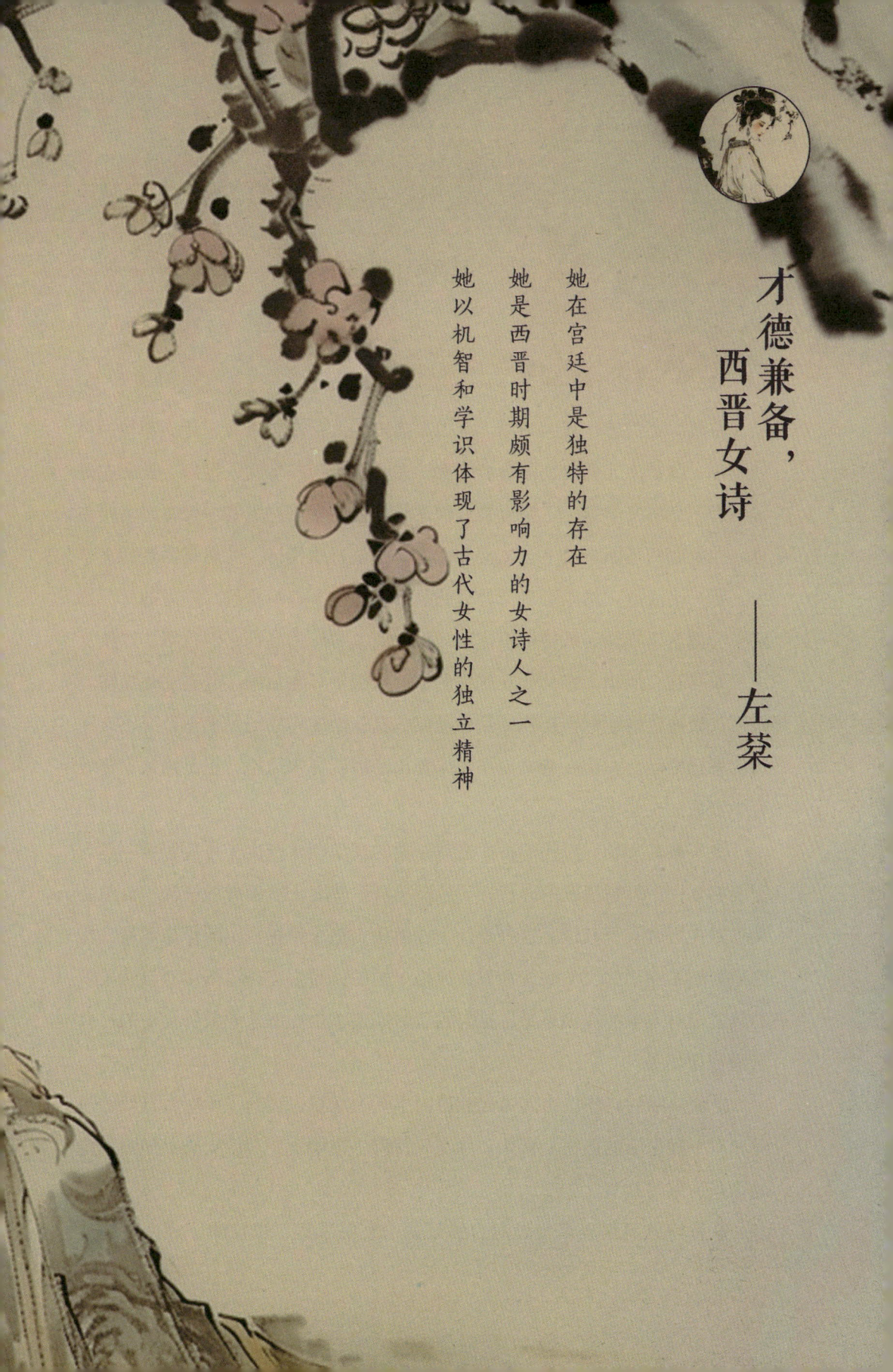

她在宫廷中是独特的存在

她是西晋时期颇有影响力的女诗人之一

她以机智和学识体现了古代女性的独立精神

灵秀初成

左棻，字兰芝，齐国临淄（今山东淄博）人，左思之妹，晋武帝司马炎的嫔妃，魏晋南北朝时期的著名才女。左棻出身于一个文人世家，其父左熹是西晋著名的文学家，母亲也是一位才华横溢的女子，她有一个哥哥名叫左思。在家庭的不断熏染下，左棻和左思从小就喜欢作诗。左思是西晋的文学家，有一个成语"洛阳纸贵"背后的故事就是讲百姓纷纷抄写左思的《三都赋》，以至于到最后纸张供不应求，不少商家纷纷提高纸张的价格，以便从中牟取暴利。从小，左棻便在这样的家庭氛围中耳濡目染，受到文化熏陶。她不仅精通诗词歌赋，还熟读儒家经典，这让她的作品既具文学性又不乏深刻的思想内涵。左棻在诗文创作中体现出的清新隽永风格，正是她从家庭教育中汲取的文学营养。

除了家庭背景，时代的特征也对左棻的文学创作产生了重要影响。魏晋南北朝是一个思想活跃的时代，"竹林七贤"等名士所倡导的清谈、自然主义思想在当时大行其道。这种崇尚个性解放、追求精神自由的思想潮流，深刻地影响了左棻的文学观念和创作风格。她的作品中往往流露出对自然美景的热爱与对人生的深刻思考，这与魏晋时期追求个性解放和精神自由的社会氛围密切相关。

左棻早期的诗作以自然风光和田园生活为题材，表达了她对大自然的热爱和对平静生活的向往。例如，她在一首诗中描绘道："山川秀美如画，清风徐来，翠竹摇曳。"

这种诗风不仅表现出她对自然景物的细腻观察，也反映了她内心的纯净和对精神自由的追求。家庭的文化氛围使左棻早年在诗文创作上打下了坚实的基础，而时代的思想潮流则赋予了她作品深刻的思想内涵和独特的艺术风格。随着年龄的增长和阅历的增加，左棻的创作逐渐从早期的自然风光题材，过渡到对人性、社会问题的思考，显示出她文学才华的进一步成熟和发展。

风韵逸事

咏梅之争

左棻与其兄左思之间的"咏梅之争"，是她文坛成就的重要一环。这场文学竞争不仅仅是一场兄妹之间的切磋，更是对当时文人精神和风骨的生动展示。

有一次，左棻与左思同时受命以"梅花"为题作赋。左思作为当时文坛的佼佼者，他的作品以"青梅煮酒，雅韵清幽"为题，描绘了梅花在酒中的清香和优雅，展现了梅花如君子般的高洁品性。他以梅花作为清逸、雅致的象征，通过这种典型的风雅之美，传达了梅花在文人心目中的高贵形象。而左棻则另辟蹊径，她没有选择走兄长所擅长的温文尔雅之路，而是聚焦于梅花的顽强生命力。

她在赋中写道："寒风凛冽，梅花傲雪独开。"她笔下的梅花不是温室中的娇弱，而是在严冬中盛开的勇者。她描绘了梅花在凛冽的寒风中绽放的景象，以此歌颂梅花那种不屈不挠的精神。这种对梅花品格的独特理解，不仅赢得了父亲的称赞，也使得左棻在当时的文坛上声名鹊起。

挑战权威

一次,有一个朝廷中的大臣对左棻的才华表示怀疑,认为女子不应涉足诗文创作。这种性别歧视在当时的社会中颇为普遍,很多人认为诗文创作应当是男子的专属领域,女性不应参与其中。面对这种质疑,左棻并没有选择沉默,而是当即写下了一首五言诗:"秋风吹落叶,冷月照孤窗。女儿亦有志,不逊男儿郎。"这首诗的字里行间充满了左棻对传统性别观念的挑战和不满。她通过这首诗,表达了自己作为女性同样拥有雄心壮志,不亚于男子的坚定信念。这首诗不仅是左棻对性别偏见的有力反击,也展示了她坚忍不拔的个性和不畏权威的勇气。诗中"女儿亦有志"的句子,更是成了当时女性追求独立和自我价值的代表性表达。此事传开后,朝廷中的文人们对左棻刮目相看,从此再无人敢质疑她的才华。

母子情深

左棻的晚年虽然生活相对平静,但她与儿子之间的深厚情感却成了后世人们津津乐道的佳话。左棻的儿子自幼聪慧,但随着年纪的增长和学业的加重,他开始感到学业压力大,时常感到烦闷不安。这让左棻非常心疼,作为一位母亲,她既希望儿子能在学业上有所成就,又不希望他因压力而失去生活的快乐。

有一天,左棻注意到儿子整天郁郁寡欢,心中感到不安。为了鼓励儿子,她写了一封家书,信中充满了关怀和智慧。她在信中写道:"人生如逆旅,学业如舟渡。母愿子安心,不畏风波阻。"她通过这些简单却深刻的句子,表达了对儿子的爱和期望。她希望儿子能够明白,人生的道路虽然艰难，但只要坚定信念，勇敢面对，一切困难都能克服。左棻的这封信不仅是一封简单的家书，更是一位母亲对儿子的深情嘱托。信中的每一句话都充满了对人生的深刻理解和对儿子的无限关爱。信件在家族中流传后，成了当时母子情深的典范，左棻也因此被后人视为才情与爱心并重的典范。

左棻通过这封信，不仅展现了她作为母亲的柔情和智慧，也体现了她对人生哲理的深刻理解。她用文字向儿子传递了面对生活挑战的信念，也通过这一事件向世人展示了家庭教育的重要性和母爱无私的力量。这种温情和智慧的结合，使得左棻在文坛之外的角色更加立体和感人，也让她在后世的记忆中更加鲜活。

左棻画像

宫锁一生

左棻自幼便擅长诗文，博览群书，这使得她在那个时代的文坛上崭露头角。然而，尽管她才华出众，她的容貌却成了她一生难以摆脱的枷锁。在封建社会中，女性的婚姻和地位往往与她们的容貌密切相关。左棻虽有卓越的才华，但因为容貌不佳，在婚姻市场上备受冷落，这使得她的才华在某种程度上反而成了她的负担。此时的晋武帝司马炎是一位荒淫无度的皇帝，但他喜欢标榜自己爱才惜才，左棻的才华很快引起了他的注意。为了展现自己的"宽宏大度"和对文人的尊重，司马炎便将左棻纳入后宫，封为修仪。然而，这份"宠幸"并非出于对左棻的真正喜爱，而是为了彰显自己的文治武功和对才华的欣赏。这种宠幸带有很强的权力色彩，左棻成了皇帝政治手段中的一个象征性人物，而非一个真正被爱戴的妃子。

在这样的背景下，左棻的生活并未因为进入后宫而变得更加幸福。相反，她被安置在简陋的"薄室"中，过着孤独而贫困的生活。她的才华成了她被皇帝宠幸的理由，但她的才华并未能为她带来实质性的关爱和尊重。众多后宫妃嫔争相追求恩宠，然而左棻却仅在史书上留下"常居薄室"的记载。她内心的真实想法，或许正体现在她的《啄木诗》中，诗中写道"南山有鸟，自名啄木。饥则啄树，暮则巢宿。无干于人，惟志所欲。性清者荣，性浊者辱。"开篇描绘了栖息于南山之上的啄木鸟，其在饥饿时啄木求食，夜幕降临则筑巢栖息。前四句诗生动地塑造了啄木鸟隐居山林、独行其道的形象。这形象犹如诗人左棻的影子，体现出她不屑于争宠、甘于寂寞的性格特质。

左棻最著名的作品《离思赋》，便是在这种孤独与痛苦的生活中创作而成。这首赋作被认为是左棻在深宫中寂寞无助的心声，她在其中表达了对亲人和故土的思念，以及对自由的渴望。赋作开篇，左棻便写道："嗟隐忧之沈积兮，独郁结而靡诉。"这一句直抒胸臆，表达了她内心深处的忧愁和苦闷。她将自己的孤独感和郁结之情通过诗文传达出来，仿佛每一个字都在控诉命运的不公。在接下来的内容中，她进一步描绘了自己在深宫中的无奈和悲伤："怀愁戚之多感兮，患涕泪之自零。"通过这些句子，我们可以感受到左棻内心的绝望和对命运的深深不满。

《离思赋》的创作不仅是左棻个人情感的宣泄，更是她对封建制度和男权社会的不满。她在赋中表达了对自由的渴望，对命运的抗争，以及对亲人和家乡的深切思念。这种思念与渴望，既是她个人生活的真实写照，也是她在封建社会中作为女性的集体悲剧的象征。

左棻的命运是封建社会中才华横溢的女性的典型代表。她的才华成就了她在文学史上的地位，但也使她陷入了无尽的孤独与痛苦之中。她的诗文中充满了对命运的控诉与对自由的渴望，这种渴望使她的作品具有了深刻的思想性和批判性。在封建社会中，才华并不足以改变女性的命运，反而可能成为她们悲惨命运的源头。左棻的一生既是才华的光辉，也是悲剧的缩影。她的命运警示我们，在追求才华与成就的同时，个体的自由与幸福更为重要。她的作品不仅仅是文学的珍宝，更是她对命运的抗争与对自由的呐喊。这种呐喊在她的诗文中回荡，成为她对封建社会的不满与反抗的最强音。

岁月流芳

昭容两朝专美，一目万几，顾问不遗，应接如响，虽汉称班媛，晋誉左嫔，文章之道不殊，辅佐之功则异。

——尤袤《全唐诗话》卷一

作为文学家，左棻在唐以前的女诗人中，是堪可与蔡琰比美的一位才女。若以作品体裁的全面性论，则左棻较蔡琰还要胜出一筹。

——王辉斌《先唐诗人考论》

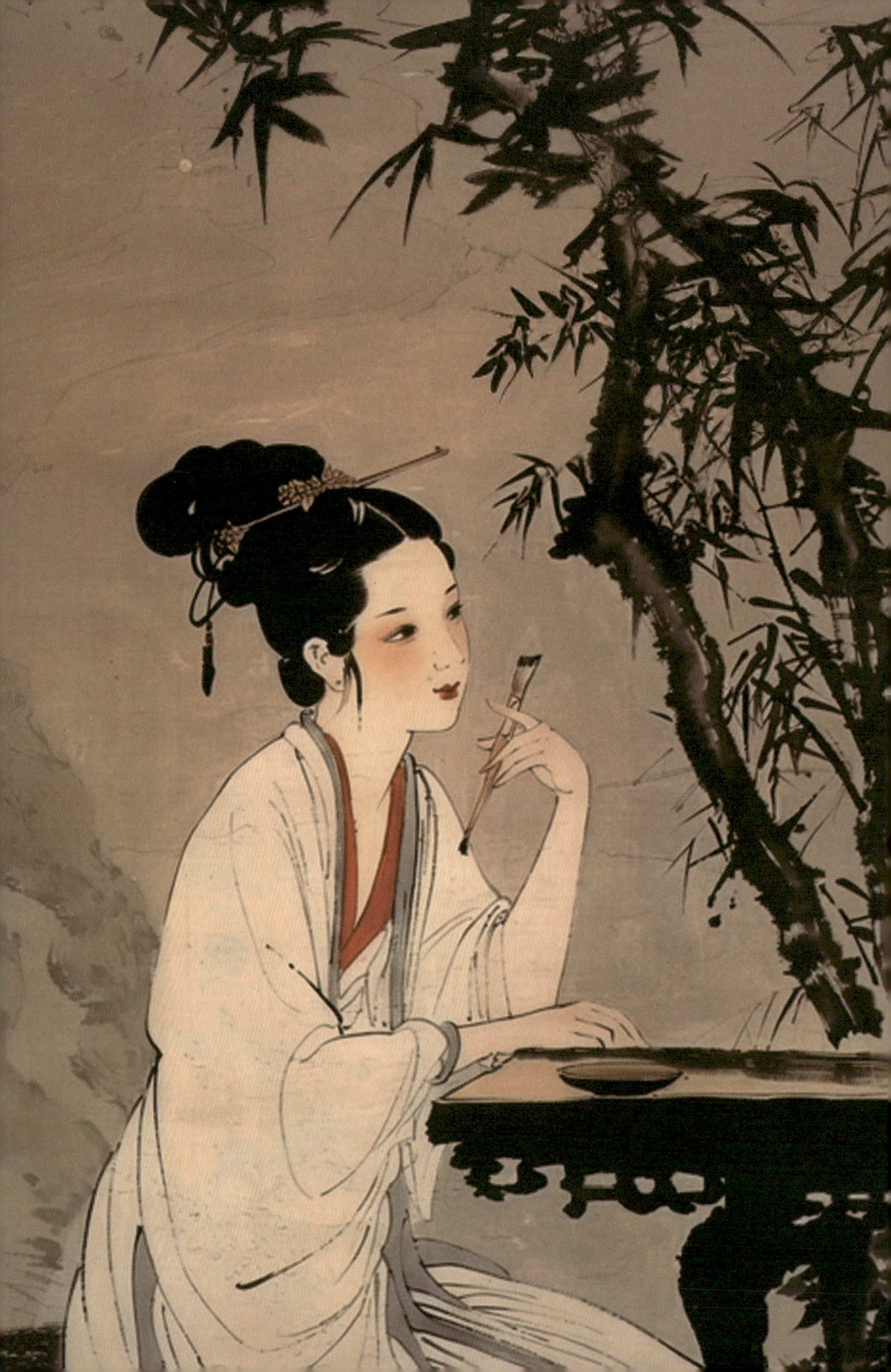

墨香绕指，书韵轻扬 ——卫夫人

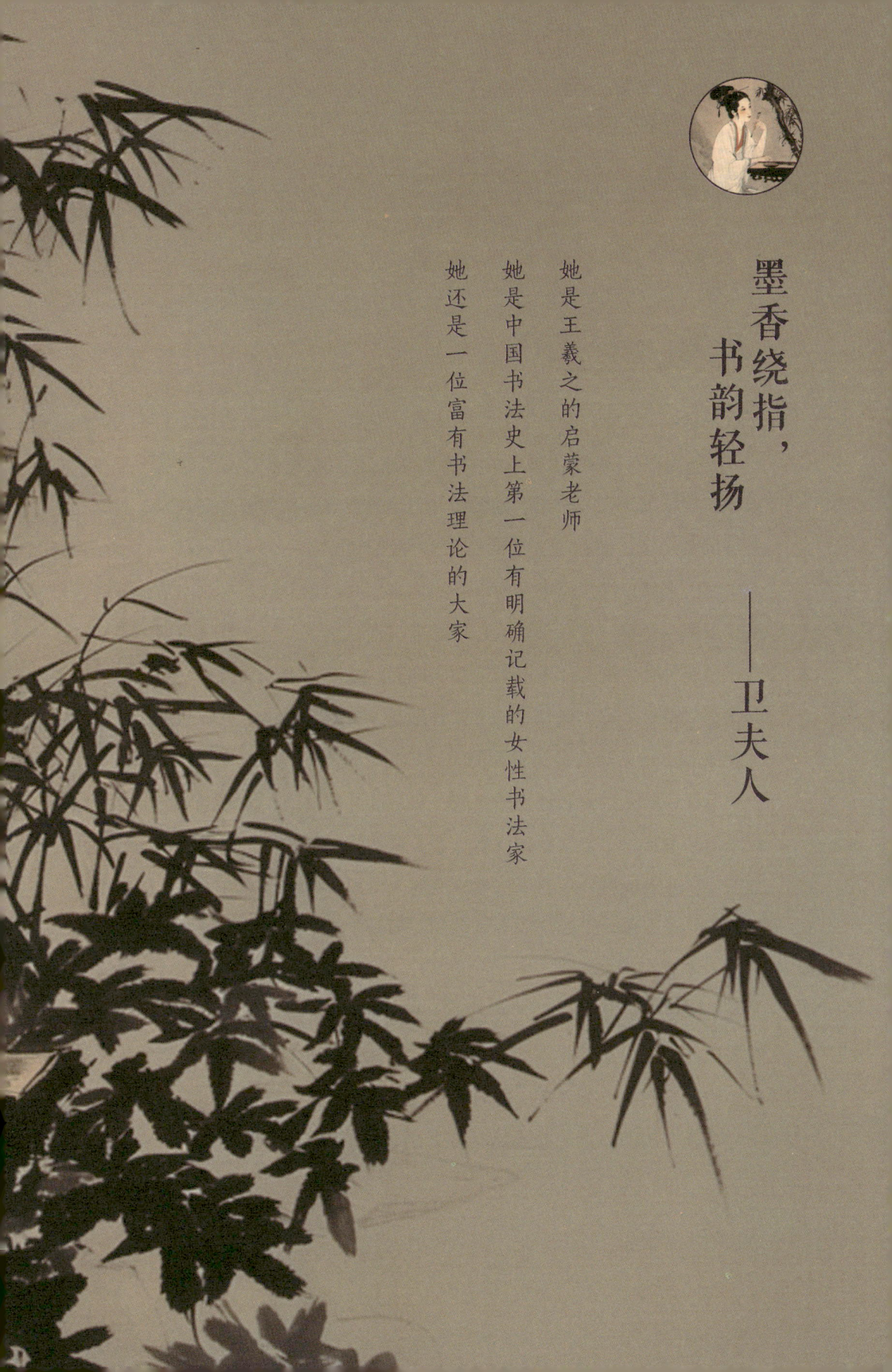

她是王羲之的启蒙老师

她是中国书法史上第一位有明确记载的女性书法家

她还是一位富有书法理论的大家

灵秀初成

卫铄（272年—349年），字茂漪，河东安邑（今山西夏县北）人，出身于书法世家，是晋代著名的女书法家。卫铄出身名门，父母皆为官宦之家，家族中书法人才辈出。她的祖父卫瓘是曹魏时期的著名书法家，官至司空，因其功绩显赫，书法造诣高深，闻名于世。

卫氏家族自汉代以来，便以书法闻名。其伯祖卫觊在书法上造诣颇高，擅长隶书与章草，并在书法创作中融会贯通，别具一格。曹魏时期，卫瓘参与了平定钟会之乱，立下赫赫战功，同时，他与索靖并称为"一台二妙"，两人都以草书著称。唐代书法家张怀瓘在《书断》中称赞卫瓘的章草作品为"神品"，足见其在书法史上的重要地位。

卫铄自幼受到家族环境的熏陶，对书法耳濡目染。她的堂兄卫恒也是一位杰出的书法家，曾官至黄门郎，著有《四体书势》。卫恒不仅在书法实践上取得了显著成就，还对书法理论有深入研究，为后人提供了宝贵的参考。卫恒的儿子卫玠，更是历史上著名的美男子之一，同时也是魏晋时期著名的清谈名士和玄学家。

卫铄在书法上的成就更源于她自身的勤奋与天赋。她从小就展现出非凡的书法天赋，四岁时便能书写正楷字。卫铄的书法不仅继承了家族的优良传统，还在实践中不断创新。她的书法风格清秀自然，线条流畅，笔力遒劲，既有家族书法的厚重，又不乏女性书法家的细腻与优雅。

卫夫人

风韵逸事

"洗墨池"与"墨汁雨"

卫铄受其祖父、父亲的影响和熏陶，酷爱书法，从小就挥笔涂鸦。小时候，她练习写字，态度认真，思想专心。她父亲对她也很严格，作业天天有。

有一次父亲因官事外出，给她布置了作业，让她习帖，她一写就是几个小时，乏了她就去砚池，把笔砚洗一洗再写。天长日久，泊池水都染成了黑的，后人就把她洗笔砚的泊池称为"洗墨池"。

有一年夏天，久旱无雨，天气闷热，她便去山庄避暑。其间，她把山上的石块、树皮和树叶上几乎都写满了字。

一日，突然狂风大作，乌云密布，霎时暴雨倾盆，把山上的石块、树皮和树叶洗刷一新，而雨水和墨迹混为一谈竟变为黑水。这样就形成了人们后来传说的"山上下过墨汁雨"。至今夏县一带还有卫铄洗墨池遗迹。

卫夫人卖饼

卫夫人的书法教室可能是史上最有影响力的"书法兴趣班"。除了王羲之，还有不少学子慕名而来，希望能在她的指导下让自己的书法更上一层楼。毕竟，能得到卫夫人的亲传，那简直就是踏上了成为书法大神的捷径。

说到她的教学法，也是别具一格。有一次，卫夫人为了教王羲之如何心手相连、挥洒自如，卫夫人化装成老婆婆去集市上卖饼。那饼飞得又准又好，直接落在煎盘正中央，围观群众看得是目瞪口呆，连王羲之都惊叹不已。从此，他更加刻苦学习，终于成为一代书法大家。

梅字入书

卫夫人擅长变通，不拘一格。在一次赏梅宴会上，众人纷纷以梅为题作诗赋文，卫夫人则即兴挥毫，以"梅"字入书，书写出一幅别具一格的梅花图。她将"梅"字的结构变化成梅花的枝干，浓淡相宜，笔墨之间透出梅花的风骨与韵味。这幅字画不仅成为当时的传世佳作，也为后世提供了书法与绘画相结合的典范。

书道立志

卫夫人年轻时便展现出对书法和大自然的热爱，常常游历名山大川，汲取灵感。有一次，她在登山途中，偶然间发现山巅有一块巨大而光滑的岩石。卫夫人决定在这块岩石上书写一段文字，以铭记当时的感受和志向。

她将随身携带的笔墨纸砚带到山顶，站在广阔的天地之间，深吸一口山间清新的空气，然后在日光的照耀下，挥毫泼墨，书写了一篇以"志"为主题的文章。这段文字不仅表达了她对未来的期望和决心，也展示了她在书法上的造诣。岩石上的文字雄浑有力，线条间透露出她内心的坚定与从容。

卫夫人对于这次创作十分珍视，她把这段"志"文视作自己的人生座右铭。每当她在生活或艺术创作中遇到困难时，都会回想起当时在山巅书写的情景。那篇文章的字字句句仿佛历历在目，激励着她坚持不懈，勇敢面对挑战。这种心志的磨炼和坚持，使得她的书法技艺日益精进。

卫夫人

墨浸心志

太康九年（288年），17岁的卫铄嫁给了江夏人李矩为妻。李家虽为书法世家，但声名远不及卫家。婚后卫夫人将卫氏书法的精髓带入李家，使李家的书法水平迅速提高。

不久之后，卫夫人为李矩生下了一子，名为李充。李充在母亲的精心培养下，书法造诣非凡。同时，卫夫人也不忘教导李矩的侄子李式和李廞，尤其是李式，在她的指导下，书法功力大增，最终与王羲之的叔父王廙齐名，对卫夫人更是心怀敬仰。然而，命运无常，李充尚未成年时，李矩便早逝。失去丈夫的卫夫人，带着幼子投奔了嫁给王旷（王羲之的父亲）的妹妹，并在王家安顿下来。此后，她开始专心教导王羲之。她的书法风格愈发成熟。

卫夫人对王羲之的书法启蒙，不仅仅是技法上的传授，更是精神上的引导。她教导王羲之如何在书法中融入个人的情感与思想，使得王羲之的书法作品充满了生命力与表现力。正是这种精神上的启发，使得王羲之能够在书法创作中独树一帜，成为中国书法史上具有影响力的书法家之一。

卫夫人尤其擅长楷书和行书，她的楷书作品结构严谨，笔法工整，气韵生动；行书则流畅自然，笔意连绵不绝，充满灵动之美。她在书法创作中注重笔墨的变化和节奏的掌控，使得作品在形式上简洁明快，而在内涵上富于变化与层次感。同时，卫夫人强调书法中的"气"，认为书法不仅是技艺的展示，更是一种内在精神的体现。她的这一观点对后世书法家的创作理念产生了深远影响。唐代著名书法家孙过庭在《书谱》中提出"书为心画"，强调书法要表现书写者的内心世界，这一理念可以看作是对卫夫人书法思想的继承和发展。卫夫人还提出了"书贵神似"的观点，认为书法作品不仅要形似，更要在神韵上表现出书写者的精神状态。她主张书法创作应追求意境，通过笔墨的变化和结构的安排，使作品传达出一种内在的情感和思想。这种"神似"与"意境"的追求，对后世书法的发展产生了重要影响，成为中国书法美学的重要组成部分。

卫夫人的书法风格与其性格密不可分。她性格刚毅，意志坚定，这种性格特征在她的书法作品中得到了充分体现。她的书法笔力雄健，线条刚劲，给人一种力量与韵律的美感。同时，她又不失女性书法家的细腻与优雅，作品中流露出一种柔中带刚、刚中有柔的独特风格。

卫夫人在《笔阵图》一书中将书写比作战斗，每一种笔画都像是兵法中的一招。想象一下，每一次挥笔，都像是在指挥一场小小的战役，这战斗不仅仅是在纸上，更是在心中。卫夫人有《名姬帖》《卫氏和南帖》传世。她曾作诗论及草隶书体，又奉敕为朝廷写《急就章》。其字形已由钟繇的偏方变为长方形，线条清秀平和，娴雅婉丽，去隶已远，说明当时楷书已经成熟而普遍。卫夫人不但在书法艺术实践上有突出成就，不让须眉，而且在书法艺术理论方面也有重大建树和比较全面深入的论述。她撰有《笔阵图》一卷，深入浅出地探讨了书法的种种奥秘，还加入了自己的独到见解。她在书里提到，想要书法写得好，首先得选对工具，这道理简直就跟做饭要先准备好食材一样重要。

在中国古代，书法作为一种高雅的艺术形式，往往被认为是男性的专属领域。然而，卫夫人的出现打破了这一传统观念。她以卓越的书法成就和深厚的文化修养，向世人展示了女性同样可以在这一领域中大放异彩。卫夫人并没有因为自己的性别而退缩或妥协，反而在书法创作中体现出一种独特的女性视角。她的作品既有力透纸背的刚劲之美，也有细腻婉约的柔美韵味，

卫夫人

这种结合使她的书法风格独具一格,不仅在当时受到了广泛赞誉,也为后世书法家所推崇。她在书法中的表现,也间接地挑战了当时社会对女性的传统观念。通过她的书法作品,人们看到了女性在文化艺术上的才华和潜力。这不仅改变了人们对女性能力的看法,也为更多女性进入书法领域铺平了道路。在卫夫人之后,越来越多的女性开始追随她的脚步,进入书法和其他文化艺术领域。她们以卫夫人为榜样,努力学习书法,并在其中找到自我表达的途径。例如,唐代的女书法家上官婉儿,她不仅是政治家,更是出色的书法家。她的书法风格婉约中透出刚劲,深得当时文人士大夫的推崇。再如宋代的李清照,作为著名词人,她在书法上也有一定造诣,尽管作品不多,但从其诗词中可以窥见其书法风格的影子。卫夫人的成就和影响,不仅是她个人的胜利,也是女性在文化艺术领域中逐渐崛起的象征。现代学者通过各种角度重新审视卫夫人的书法成就,尤其是在女性主义和性别研究的框架下。她不仅是一位杰出的书法家,更是女性艺术家挑战社会规范,追求个人理想的典范。

随着女性在社会各个领域的地位不断提高,卫夫人作为中国书法史上重要的女性人物,得到了更多的关注和研究。卫夫人作为中国历史上第一位有确切记载的女性书法家,开创了女性在书法领域的先河。

岁月流芳

卫夫人书,如插花舞女,低昂美容;又如美女登台,仙娥弄影;又如红莲映水,碧沼浮霞。

——韦续《墨薮》

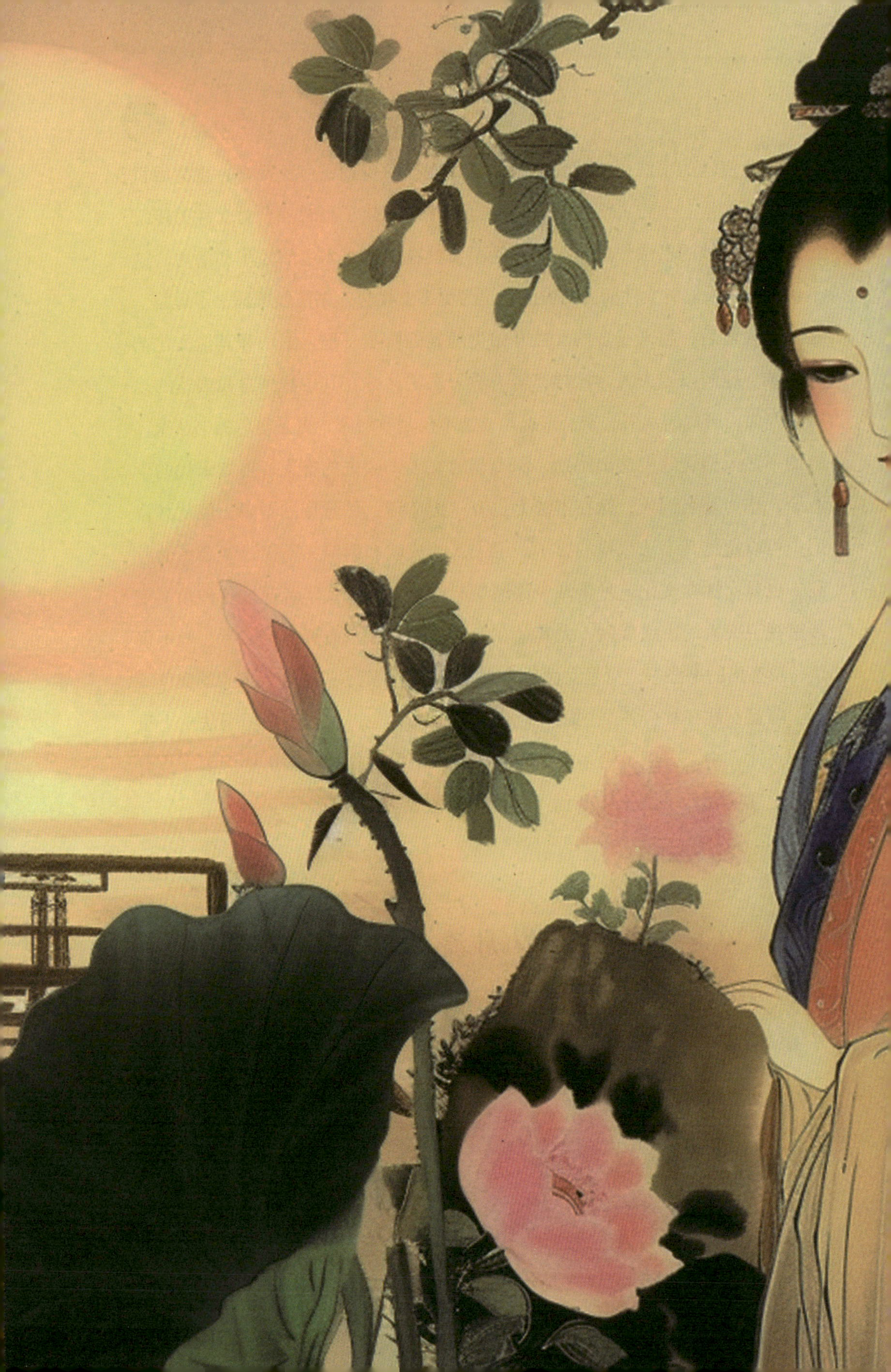

蕙心兰质，回文诗绝 ——苏蕙

她是回文诗创作的集大成者

她创作的《璇玑图》是我国文学史上的第一幅回文诗图

她是魏晋南北朝时期杰出的女性文学代表

中国古代才女

灵秀初成

苏蕙（约公元4世纪），字若兰，魏晋南北朝时期著名的女诗人。苏蕙的父亲学识渊博，自小对她的教育十分重视，特别注重她在文学方面的培养。当时，苏蕙的家族具有一定的文化地位，这也为她早年时期的成长教育提供了优越的条件，同时也培养了她的文学素养与艺术才情。苏蕙自幼聪慧，五岁诵读诗书，年少时便展露出卓越的文学才华。家庭环境中的文化熏陶让苏蕙从小便接触到了大量的古典文学作品，这不仅丰富了她的知识，也培养了她对诗歌敏锐的感知能力。

魏晋南北朝时期，社会动荡，战乱频繁，但也是文学艺术高度发展的时期。这个时代的文学作品多具有浓厚的抒情性和个人色彩，而苏蕙的作品也深受这一时代风格的影响。

苏蕙画像

她在创作中善于运用细腻的笔触和深刻的情感，表达个人内心的悲欢离合，作品充满了感性和韵味。苏蕙的早期作品常常从女性的视角出发，抒发出个人的真实情感。她的文字又往往细腻而富有感染力，尤其是在表达爱情和离别之情时，常常能够以婉转动人的笔触打动人心。可以说，在家庭和时代背景的双重影响下，苏蕙形成了自己独特的诗歌风格。她的作品既有深厚的时代文化底蕴，又往往富有个人色彩。

苏 蕙

风韵逸事

智慧应对

苏蕙不仅以文学才华闻名，还以她的智慧和从容应对复杂局面的能力而受到世人的敬佩。她的一生中，不仅要面对家庭中的矛盾，还要应对外界的各种挑战和考验。在这些挑战面前，苏蕙始终表现出超凡的智慧和冷静。

有一次，苏蕙的丈夫窦滔的上司听闻苏蕙的才名，特意去拜访她，试图通过一个难题来考验她。当时，这位上司请苏蕙以"梅花"为题作一首诗，并且要求诗中包含某些特定的字，还必须符合一定的格式。这一要求显然是为了考验苏蕙的即兴创作能力和她对诗词规则的掌握程度。面对这一突如其来的考验，苏蕙并未表现出丝毫的紧张或不安。

她从容不迫地思索片刻，便以优雅的姿态作出了一首诗。这首诗不仅字字珠玑，完美符合对方的要求，还展现了她对梅花这一意象的深刻理解。诗中的字句如行云流水，既展现了梅花的美丽和高洁，也蕴含了苏蕙对自身境遇的感慨和对生命的思考。这一场景让窦滔的上司大为赞叹，他不仅钦佩苏蕙的文学才华，更敬佩她在复杂环境中的从容与智慧。这一事件很快在当地传开，苏蕙的声誉也因此再度提升。

苏穗的应对显示了她作为诗人的卓越才能，更展示了她作为女性在封建社会中的自尊和独立。在面对生活中的挑战时，苏蕙展现出了独有的智慧和冷静，她不仅在文学上取得了非凡的成就，同时是一个有思想又有个性的女性。

织字成锦

苏蕙的丈夫窦滔被贬谪至塞外戍边，苏蕙决定用她最擅长的技艺——织锦，来表达她对窦滔的深情和对自己婚姻状况的感叹。她将诗文与女红相结合，创作出了一幅绝妙的"织锦回文诗"。所谓回文诗，即诗句可以正读、反读、横读、竖读，每一种读法都能形成不同的诗句，且都能表达出完整的意思。织锦长八尺，宽五寸，共有八百字，构思精妙，织工精致。这幅诗图并非仅仅将这些文字记录在纸上，而是用七色丝线将其绣制成图。图案错综复杂，色彩斑斓，如同将她的情感和思念编织成了一幅艺术的结晶。

苏蕙用自己的心血和技巧将这幅锦缎织成，回文诗的内容充满了对爱情的眷恋、对丈夫的思念以及对现实的痛苦反思。通过这种独特的方式，苏蕙向窦滔倾诉了她内心深处的复杂情感。

当窦滔收到苏蕙精心织就的《璇玑图》回文锦后，他深感妻子的才情与深情。面对这织锦上的字字珠玑，窦滔不禁反复吟诵，每读一遍，内心的敬佩与思念之情便更加浓烈，泪水如雨下，悔恨交加。此时，他深深体会到了苏蕙在遥远的天水孤独守候的痛苦与无奈，也意识到了自己对她的亏欠。尽管两人之间的关系早已因为他宠爱他人而变得疏远，但这幅织锦让他重新认识到苏蕙对他的爱和忠诚。最终，这幅回文诗成功地唤回了窦滔对苏蕙的感情，他决定重新对待他们的婚姻。

后来，窦滔将这幅珍贵的《璇玑图》呈献给秦王苻坚。苻坚见此诗文锦缎，也被苏蕙的才华与忠诚所打动。他赞叹不已，认为苏蕙不仅是聪慧绝伦的女子，更是一位品德高尚的贤妻。为表彰苏蕙的才情与忠诚，苻坚特地派遣使者，带着丰厚的礼物，迎接苏蕙前往敦煌，与窦滔团聚。窦滔与苏蕙终于重归于好，两人再度过上了恩爱如初的生活。苏蕙的《璇玑图》不仅修复了他们的婚姻，也成了历史上流传千古的爱情象征。

苏 蕙

这一感人至深的故事在后世广为流传，成为关中地区婚俗文化的重要组成部分。千百年来，陕西省武功县一带的勤劳质朴的人民，尤其是出嫁的女子，为了传承苏蕙的织锦文化与忠贞精神，每当婚礼将至，新娘都会亲手织出一方八寸见方的小手绢，作为自己心灵手巧与对爱情忠诚的象征。这些小手绢不仅是婚礼上的重要礼物，更是对苏蕙精神的传承。婚礼当天，新娘带来的手绢成了男方亲朋好友争相抢夺的珍贵纪念品，象征着对新人爱情的祝福和对苏蕙故事的缅怀。这一民俗，至今仍在关中一带得以保留，成为当地文化的重要部分。

回文诗绝

16岁的苏蕙正值青春年华，她聪慧、秀美，然后成了窦滔的新娘。婚后，苏蕙与窦滔的生活如她所期望的那样美好，两人共同沉浸在诗词的世界中，时常互相切磋，"送君送到池塘东，当年射鸟识君容。红线相牵结秦晋，不想今日两离分。"苏蕙感到很幸福。

在甜蜜的开始之后，苏蕙与窦滔的婚姻也迎来了难以避免的波折。窦滔不仅热爱诗文，还对歌舞情有独钟。尤其是有一位名叫赵阳台的歌姬，以其曼妙的舞姿和婉转的歌喉，俘获了窦滔的心。窦滔不顾苏蕙的感受，将赵阳台纳为妾室，并安置在一处别馆。这件事终究还是被苏蕙发现，她感到自己被深深地背叛了。苏蕙内心的痛苦无法言表，但她无力改变现状。那个时代，纳妾是普遍现象，苏蕙只能将内心的悲愤寄托于诗歌创作中。就在此时，窦滔因抗旨不遵，被贬谪至敦煌。这一消息对苏蕙来说，无疑是雪上加霜，她不禁怀疑赵阳台是否在迷惑窦滔，致使他失去了昔日的冷静与判断。

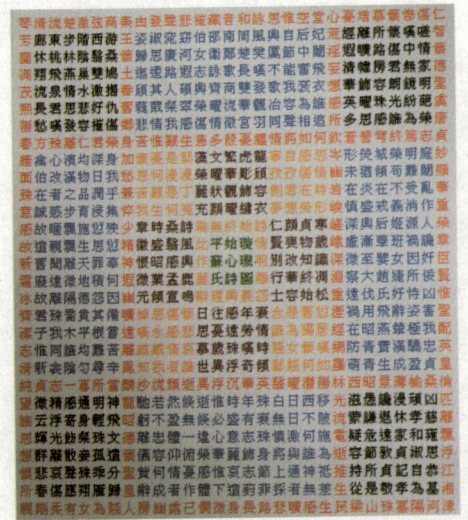

愤怒的苏蕙决心不再隐忍,她带领婢女们找到赵阳台,给予了她一顿教训。然而,当窦滔因朝廷需要重新被任命时,他听信了歌姬赵阳台的哭诉,对苏蕙的行为感到失望。尽管如此,窦滔依然希望能与苏蕙重归于好,便邀她一起前往敦煌。苏蕙拒绝了这个提议,她无法忍受与歌姬同行。独留天水的苏蕙,在孤独与思念中寻找着解决之道。她一次次翻阅诗集,试图从古人的智慧中汲取力量。当她读到卓文君用诗歌挽回司马相如之心的故事时,顿时灵感迸发。苏蕙以诗歌诉情"嗟叹怀,所离经。遐旷路,伤中情。家无君,房帏清。华饰容,朗镜明。葩粉光,珠曜英。多思感,为谁荣?"她想通过回文诗唤起窦滔对往昔美好时光的回忆。

在这样的情感驱动下,历时数月,苏蕙夜以继日地构思创作了《璇玑图》。《璇玑图》不但融汇了天地机缘,图中还巧妙地运用四书五经和诸子百家的经典多处,其中运用《诗经》典故77处,《易经》原理64处。这幅作品迅速在文人圈子中引起了极大的轰动。许多人都为苏蕙的才情所倾倒,并试图解读这幅作品中的深意,一些文人甚至认为这幅作品中隐藏着某种神秘的密码或预言。特别是在当时充满政治动荡的社会背景下,这样的解读无疑增加了《璇玑图》的神秘色彩。

苏蕙的其他作品也同样充满了丰富的情感和独特的风格。《感怀诗》中流露出的悲痛情绪,正是她内心苦闷的反映,"夜深千帐灯,风冷万家愁"将她在孤独的深夜里,独自一人面对内心痛苦的景象写于诗中。在《惜花吟》中,苏蕙以花为喻,她写道"春光易去如飞尘,落花堆里倍伤神",苏蕙通过描绘春天的短暂和花朵的凋零将自己内心对青春流逝、对命运的无奈之感表达出来。同时,《怨诗行》是苏蕙另一首富有代表性的作品。她在诗

苏蕙

中直接抒发了对丈夫冷落和背叛的不满。诗中有句"冷暖自知，难以与人言"直接表明了她在婚姻中遭遇的不公和难与别人诉说的痛苦。在封建礼教的束缚下，苏蕙作为一个有独立思想和强烈自尊心的女性，她无法接受丈夫纳妾的行为，但又无法公然反抗。她选择了通过诗歌表达内心的愤懑与悲痛，这些作品更是那个时代众多女性共同命运的缩影。

苏蕙在作品中所展现出的坚忍与才情让她成为中国文学史上一位不可忽视的女性作家。通过诗歌，她表达了个人的情感，也展示了她对社会和人性的独到见解。苏蕙的名字和她文字中所蕴含的人生思考和命运反思将会永远一起铭刻在中国文学史的长河中，后世文人对苏蕙的作品多有推崇，她的故事不仅为后世文学家提供了丰富的创作素材，也为研究中国古代文学提供了宝贵的文化遗产。苏蕙的一生，虽然经历了诸多坎坷与磨难，但她通过文学创作，将自己的情感和思想永久地封存在了历史的记忆中。

岁月流芳

才情之妙，超古迈今。

——武则天《苏氏织锦回文记》

历代不少专家学者著文探讨、研究、注释、评论它和它的制作者苏蕙。文士诗人撰文颂扬赋诗赞美，就连女皇帝武则天看了也"感其绝妙"，为之作《序》。

——《中华典藏》

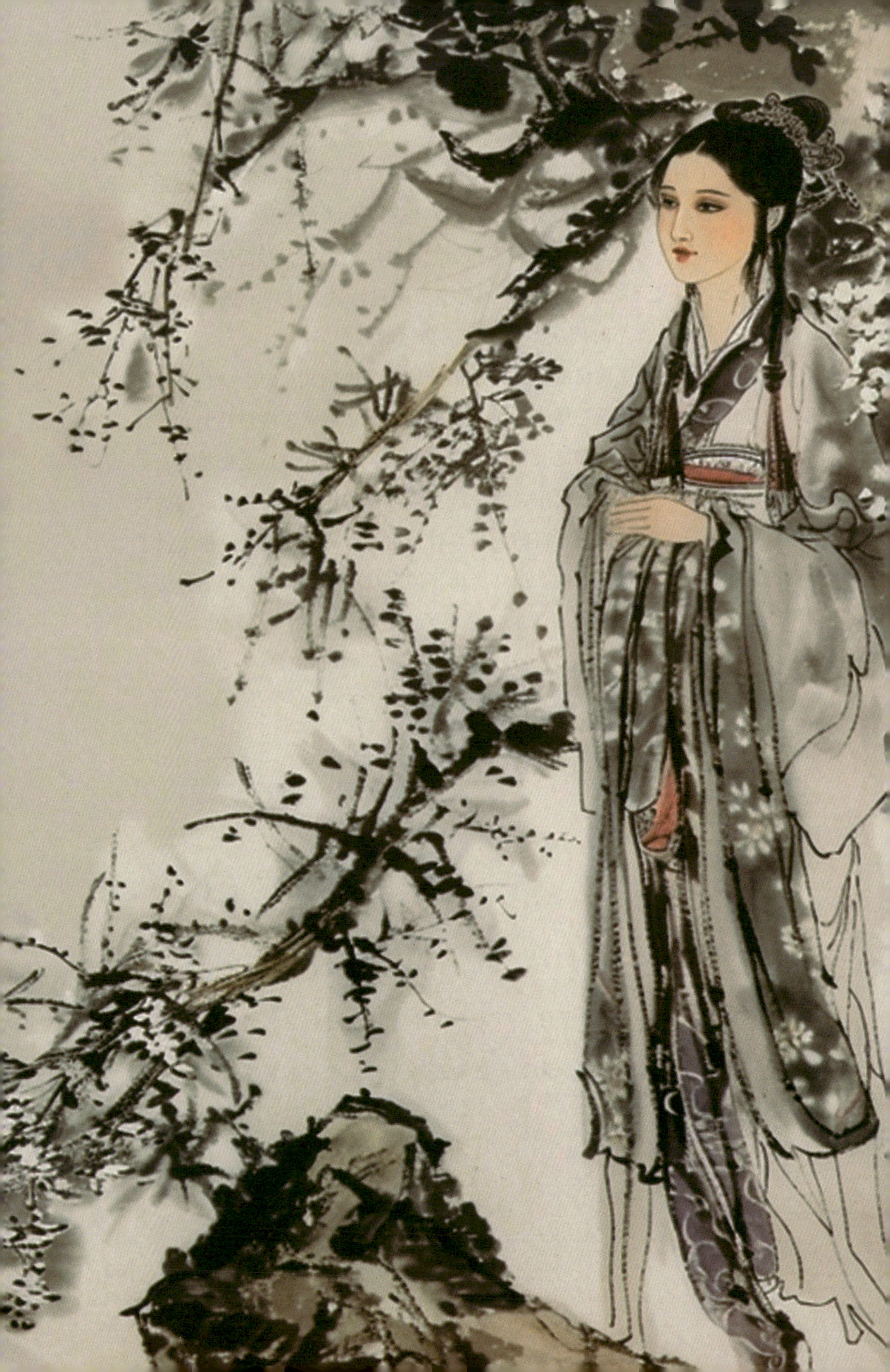

文学豪杰，咏絮之才 ——谢道韫

她是东晋时期的文坛奇才

她以『咏絮之才』闻名于世

她在中国文学史上，被誉为『女中豪杰』

中国古代才女

灵秀初成

谢道韫，东晋时期一位才华横溢的女性，出身于名门望族的谢氏家族。她的祖父谢安是东晋著名的政治家和军事家，曾在淝水之战中力挽狂澜，功勋卓著；而她的父亲谢奕则是当时闻名遐迩的名士，以其风雅的品性和广博的学识而受到士族的尊敬。这样的家庭背景下，谢道韫自幼便受到了良好的教育和熏陶，她聪慧过人，言谈举止优雅而富有风度，常被家人誉为"女中君子"。

这个称号表现了家人对她文学才华的认可，亦体现了她在家族中的独特地位。文人雅士云集，文坛盛事频繁，这也为谢道韫的成长提供了丰富的文化资源。

东晋时期是中国历史上一个动荡不安的时期，南北朝的分裂和长期战争频发，北方士族因此大举南迁。谢家作为南渡士族中的杰出代表，肩负着时代文化传承的重任。谢道韫在这种历史背景下成长，她的作品继承了家族的文化底蕴，亦反映了那个时代士人的风骨与追求。在她的诗词歌赋中，我们可以清晰地看到东晋士族对理想、风度和修养的坚持。

谢道韫画像

谢道韫

风韵逸事

咏絮之才

一个寒冷的冬日，当时东晋名士谢安与家族成员们正在院子里观赏大雪。谢安是谢道韫的叔叔，同时也是东晋时期一位备受尊敬的政治家和文学家。雪花漫天飞舞，景色美不胜收，谢安心生感慨，于是即兴出题考问在场的晚辈们："白雪纷纷何所似？"他出题并非只是为了娱乐，而是希望通过这种方式激发家族后辈的文学才思，培养他们的观察力和表达能力。谢家是当时的望族，家族成员多以文学和艺术见长，谢安尤其重视培养年轻一代的文学修养。

面对谢安的提问，家族中的其他子侄纷纷作答。然而，他们的回答都未能打动谢安，要么过于平淡，要么缺乏新意。就在这时，年纪尚轻的谢道韫毫不犹豫地回答道："未若柳絮因风起。"她将纷飞的雪花比作春天里随风飘扬的柳絮，这个比喻不仅生动形象，而且充满了诗意。"未若柳絮因风起"这一回答让谢安深感惊讶和喜悦。

他立即意识到，谢道韫不仅仅是有灵感随口一说，她在瞬间领悟了自然之美，并用极为精练的语言表达了出来。这种才思敏捷、语言优美的表现，正是文学天赋的绝佳体现。谢安当即对她的才华给予了高度赞赏，并认为她的比喻是最为贴切、最具文学价值的。

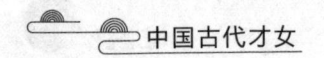

反驳桓温

桓温是东晋时期的著名军事家和政治家,他曾多次指挥军队抵御外敌,在政坛和军界享有极高的声望。然而,桓温性格傲慢,对自己的能力和见识极为自信,甚至常常流露出对他人的轻视。

一次,在家族的一次聚会上,桓温与谢道韫及其他谢氏家族成员们同席饮酒。桓温一向自负,他在席间突然对谢道韫说道:"你们谢家再也不会有杰出的人物了。"

这句话不仅是在贬低谢家当前的状况,更是在质疑谢家未来的前途。桓温的这番言论表面上是随口一说,实则是对谢家在东晋士族中地位的挑衅。面对桓温的挑衅,谢道韫并未表现出丝毫的惊慌或愤怒。

她冷静地思考了一下,然后机智地回应道:"未闻木贼之后复有凌云之木。"

谢道韫的这一反驳妙在她巧妙地运用了比喻,意指即便谢家当前面临困境,但将来仍有可能重新崛起,就如同一棵大树即使遭遇虫害或枯死,也有可能重新长出参天的枝叶。

谢道韫的这句话不仅仅是对桓温的有力反驳,更是一种对家族前途的坚定信念。

她巧妙地运用了"凌云之木"这一象征,表达了谢家在困境中仍然可以重新振作、恢复荣耀的信心。这种自信和智慧不仅赢得了在场人的尊敬,也展示了她作为女性的独立见解和卓越智慧。桓温面对谢道韫的反驳,感到意外和佩服。

他没想到谢道韫不仅才情出众,言辞也如此锋利有力。这个故事后来在东晋社会广为流传,成了谢道韫机智与才华的代表性典故。在这个男性主导

谢道韫

的社会里，谢道韫能够以女性的身份在智力和言辞上与桓温这样的名将对峙并赢得尊重，实属难得。

孤高不屈

东晋时期，朝廷内外矛盾日益加剧，权力斗争愈演愈烈。在这种环境下，谢道韫的丈夫王凝之是东晋末年的一位著名官员，他性格耿直，理想主义色彩浓厚，在处理复杂的政治斗争时往往缺乏灵活性，最终因此陷入了权力斗争的旋涡中。

随着政治局势的恶化，王凝之遭到政敌的诬陷并被处死，这对于谢道韫来说是一次巨大的打击。她不仅失去了丈夫，还面临着家庭陷入困境、家族荣誉受到威胁的严峻局面。在这个极其艰难的时刻，谢道韫展现出了非凡的勇气和决断力。

有一次，当敌军包围她的家门时，谢道韫并未像其他妇女那样惊慌失措，反而保持了冷静自若的态度。她迅速组织家人进行防御，并亲自拿起武器，与敌人展开了激烈的对抗。

虽然最终因敌我力量悬殊，谢家未能战胜对手，但谢道韫的勇敢和坚毅赢得了广泛的赞誉。

这次危机不仅是对谢道韫个人意志的考验，也让她的品格在历史上得以彰显。她在逆境中展现出的镇定与从容，以及面对生死抉择时的果断和勇敢，深深感染了后世的文人墨客。

她以自己的行动捍卫了家族的荣誉，亦成为中国历史上"巾帼不让须眉"的典范人物。

怜咏絮才

谢道韫的婚姻生活并不像她的文学创作那样令人称羡。她嫁给了王羲之的儿子王凝之。王凝之出身名门，但他性格懦弱，缺乏政治才能，尤其在动荡的东晋时期显得不合时宜。

谢道韫原本期待在这段婚姻中获得幸福和稳定，但生活却逐渐让她感受到沉重的压力。

她的作品风格因此发生了变化，开始更多地抒发内心的情感，表达自己对家庭的深厚感情以及对社会现实的深切忧虑。

东晋时期的政治局势日益动荡，谢道韫对社会的认识也在逐渐加深。她的诗作中开始慢慢展现出对社会不公和人性弱点的反思。

东晋末年的政局动荡让谢道韫对社会现实感到无奈与痛苦，她看到了人心的复杂与社会的阴暗面。这一时期的作品充满了对人生和社会的深刻思考。谢道韫的文学创作不再仅仅停留在抒发个人的悲欢离合，她开始从更广阔的视角思考社会的变迁与人生的无常。

这种对社会现实的关注，使得谢道韫的作品在情感抒发的同时，增添了更多的思想深度。

她的丈夫王凝之在晋安帝隆安三年（公元399年）因参与政治斗争失败而被捕并处死，这对谢道韫的打击是巨大的。丈夫的死意味着家庭的破碎，也意味着她所依赖的社会地位的彻底丧失。在这种情况下，她内心的孤独和无助感自然流露在她的诗作之中。

谢道韫不再是那个从容优雅的才女，她的诗中更多了一份对人生无常的感慨和对家国命运的忧思。谢道韫的作品如《泰山吟》便是她这一时期思想的代表。

泰山作为中国文化中的神圣山岳，一直被赋予坚韧不拔和自然雄伟的象征意义。而《泰山吟》描绘了泰山那种雄伟高大的形象，仿佛直冲云霄，具有一种令人敬畏的力量。诗中提到泰山的"寂寞幽以玄"，表现出大自然的静谧和神秘，这种景象是"非工复非匠"能够制造出来的，而是天造地设的杰作。

面对这样自然的力量和永恒，谢道韫产生了一种心境上的动摇。她在诗中表达了想要逃离人间的纷扰，隐居泰山以求得内心宁静的愿望。谢道韫写出这首《泰山吟》，不仅仅是对自然景色的描写，更是在当时东晋动荡的政治环境下，表现出她对人世的厌倦和对自然的向往。

在《拟嵇中散咏松诗》中，谢道韫表现出对嵇康的崇敬和对坚韧不拔精神的向往。她模仿嵇康的《游仙诗》创作了这首诗，诗中先是描绘了山上的松树在寒冷的冬天也不会凋零的景象。

松树在中国文化中常常象征着坚韧不拔的品质，谢道韫借此表达了对这种品质的仰慕。接着，她提到王子乔乘鹤升天的传说，王子乔是道教中的神仙之一，象征着长生不老和超脱世俗的理想。

谢道韫通过这个传说，表达了她希望像王子乔那样，超脱尘世烦扰，获得精神上的自由与宁静。然而，诗的最后，谢道韫发出"时哉不我与，大运所飘遥"的感慨。这种感慨与项羽在《垓下歌》中所表达的"时不利兮骓不逝"有着异曲同工之妙，都是对时运的不济、命运的无常发出的叹息。这种对人生短暂、命运难测的忧伤情感贯穿于谢道韫的整个创作生涯。她的生活充满了波折与坎坷，正是这种生活经历使得她的作品中有着深刻的哲理性和情感的沉淀。

东晋末年的混乱和丈夫的惨死，使得谢道韫对人世间的感受愈加深刻。她不再关注个人的生活困境，而是更多地思考人生的哲理和社会的变迁。在她的作品中,不断探索人生的意义,试图通过文学创作来慰藉自己受伤的心灵。正是这种深刻的哲理性和对社会现实的关注,使得谢道韫的作品具有独特的思想深度和艺术价值。

谢道韫的一生贯穿了东晋的动荡岁月,她的才情和文学被后世文人墨客所景仰。她通过这些作品,展现了她作为一名女性才子的文学才华和对生活的深刻理解。

无论是早期的自然描绘,还是中期的情感抒发,抑或晚年的哲理思考,谢道韫的作品都展现出她独特的文学风格和深厚的文化修养。

中国文学史上,谢道韫被誉为"女中豪杰",她在诗词创作上大有成就,也在文化传播和思想启蒙方面发挥了重要的作用。谢道韫身处在东晋这个特殊的历史时期中,她以自己卓越的文学才华和独立的思想在历史中给我们留下了不朽的文学遗产,她的作品影响了当时的文坛,她的文学成就和独立精神,至今仍为后人所推崇。

岁月流芳

谢道韫出身名门世家,才学出众,品貌双全,有"咏絮之才""林下之风"之誉,在风流名士辈出的魏晋时期,她可谓巾帼不让须眉。

——木犀《乌衣巷中谢家女:东晋才女谢道韫》

腹有诗书气自华,谢道韫少时便博学多才,随着年岁的增长积累越发深厚。

——木犀《乌衣巷中谢家女:东晋才女谢道韫》

谢道韫

　　谢太傅寒雪日内集，与儿女讲论文义。俄而雪骤，公欣然曰："白雪纷纷何所似？"兄子胡儿曰："撒盐空中差可拟。"兄女曰："未若柳絮因风起。"公大笑乐。

——《世说新语》

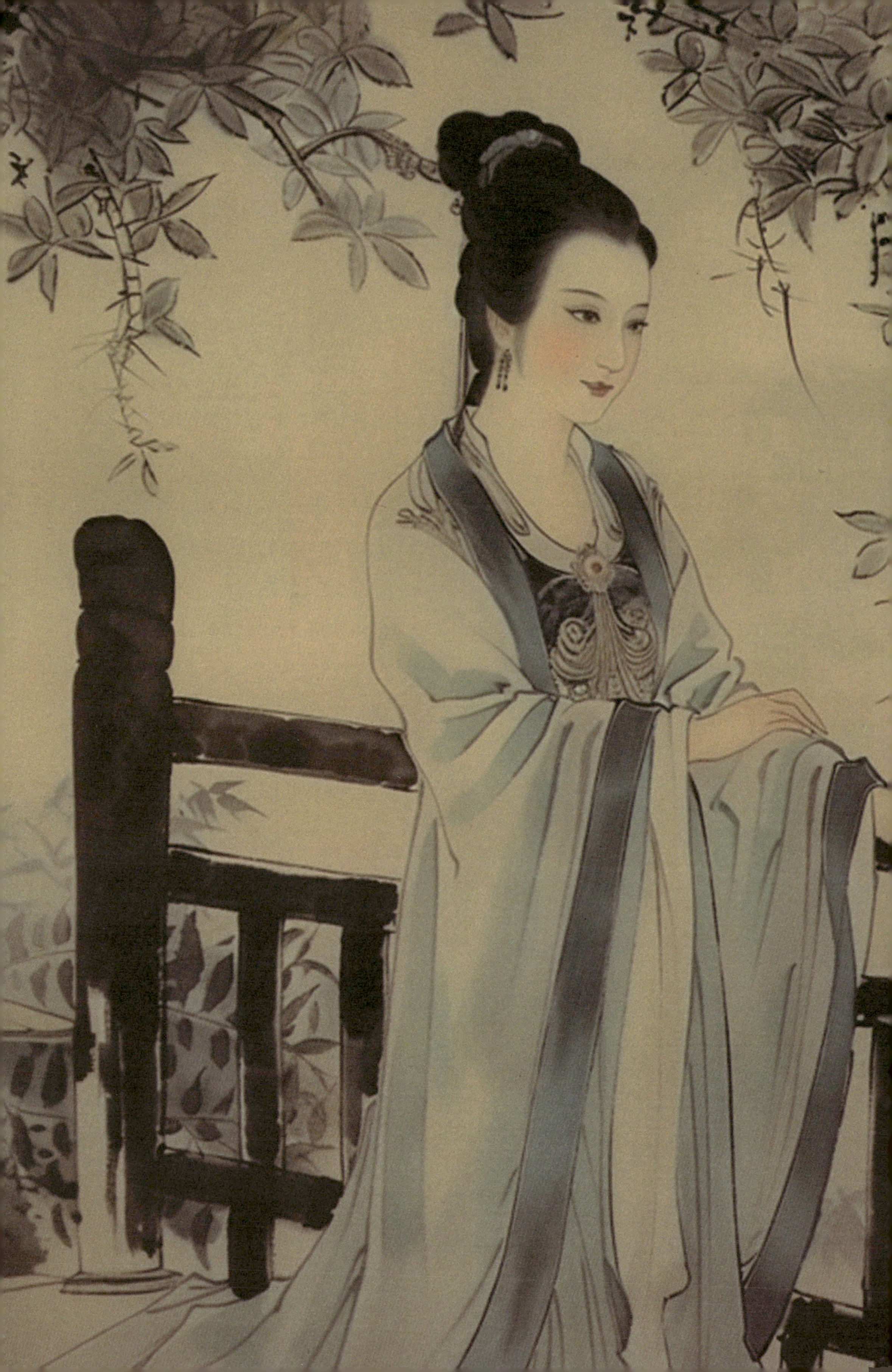

风华绝代，南朝诗才 ——鲍令晖

她是集美貌与才情于一身的文坛奇女子

她是南朝宋齐两代唯一留有作品的女作家

她与其兄鲍照共同在文学史上留下了光辉的篇章

灵秀初成

鲍令晖,字令晖,生于南朝刘宋时期,是著名文学家鲍照的妹妹。她出生在一个寒门之家,家境贫寒,父亲早逝,由母亲一手抚养兄妹二人。鲍家虽非世族显贵,但在文化氛围上却不逊色于那些名门望族。鲍令晖在这样的环境中成长,自幼受到家庭文化的熏陶,展现出非凡的文学才华。

鲍令晖的兄长鲍照,才华横溢,是南朝刘宋时期的著名诗人。鲍照自幼志向远大,四处游学,虽屡遇挫折,但最终凭借才华和毅力赢得了孝武帝刘骏的赏识。鲍照的仕途虽起伏不定,但他与妹妹鲍令晖的深厚感情一直未曾改变。鲍照每次离家赴任,鲍令晖总是依依不舍,二人常以诗文唱和,抒发对彼此的思念和对生活的感悟。鲍令晖的作品以描写离愁别绪、自然景物为主,风格清新婉约,情感真挚动人。她的诗作不仅继承了家族文学传统,更在此基础上有所创新。鲍令晖的《自君之出矣》一诗,便是她深情款款地表达对兄长鲍照的思念之情。诗中"自君之出矣,临轩不解颜"一句,将她对兄长的牵挂与无奈表现得淋漓尽致。这种感情的细腻表达,正是鲍令晖诗风的一大特色。

鲍令晖的文学创作,深受南朝文学风尚的影响。南朝时期,诗歌创作日益注重形式美,讲究对仗工整、用词精巧。在这种文化背景下,鲍令晖的作品也呈现出极高的艺术水平。她善于在诗中运用对仗、对偶等手法,使作品既有形式上的美感,又不失内容上的真挚。比如她在《桂吐两三枝》中写道:"桂吐两三枝,兰开四五叶。是时君不归,春风徒笑妾。"诗中"两三枝""四五叶"对仗工整,极具画面感,表达了她对兄长归来的殷切期盼。

此外，鲍令晖的作品还体现出一种独特的女性视角。她常常在诗中描绘自然景物，将其与自己的内心情感相结合，使得作品既有感性之美，又富有哲理性。鲍令晖的《代葛沙门妻郭小玉诗》中，以细腻的笔触描绘了一位离别中的女性心理，展示了她对情感世界的深刻理解。

风韵逸事

雪夜赠诗

鲍令晖因诗名远扬，时常被邀至贵族府邸做客。一次，她被邀请参加一场盛大的诗会，诗会地点位于一位皇室贵族的府中。这位贵族素闻鲍令晖的大名，便特地为她安排了一个展示才艺的机会。

诗会之夜，正值隆冬，府中庭院银装素裹，四周的梅花在雪中傲然盛开。贵族让人布置好一张雕花檀木桌，桌上摆放着上好的文房四宝，并请鲍令晖当场赋诗。鲍令晖并未推辞，她在众人的瞩目下，轻轻拾起笔，环顾四周，片刻之后便挥笔而就。她写道："雪夜花开犹映月，红梅傲立寒风骨。千里冰封天地静，一枝独秀最妍华。"诗成后，贵族亲自接过卷轴，细细品味，顿时大为赞赏。他当即称赞道："此诗笔力雄健，气韵高洁，真乃天作之才！"在场的宾客们也纷纷表示敬佩，并一致认为，鲍令晖的诗不仅表达了冬日雪景的寂静之美，更隐含着一种坚忍不屈的精神，正如红梅傲雪一般，令人心生敬仰。此诗在贵族圈中广为传诵，鲍令晖的才名也因此更加深入人心。她不仅以诗才征服了众人，还以她的风姿、气质以及非凡的文学造诣，成为当时文坛上冉冉升起的明星。

情系山水

鲍令晖虽身处繁华的权贵圈中，却始终保持着对自然山水的热爱。她常常在诗会结束后，独自一人漫步于园林山水之间，沉醉于大自然的美景之中。随着岁月的流逝，鲍令晖逐渐对官场中的尔虞我诈产生厌倦之心，渴望远离喧嚣，过上隐逸的生活。

有一次，鲍令晖受邀前往一处风景秀丽的山庄，该山庄主人是一位隐居的名士，久闻鲍令晖的诗名，特意邀请她前来小住。鲍令晖到达山庄后，立即被这里的宁静与美景所吸引。她在山庄中漫步，观赏溪水潺潺，青山环绕，顿觉心旷神怡。晚上，名士与鲍令晖把酒言欢，谈诗论道。名士见鲍令晖对山水之美流连忘返，便问她："令晖姑娘，是否愿意弃尘世繁华，与我同隐于此？"鲍令晖微微一笑，答道："山水之乐，乃人生至高境界，然我尚有未尽之心愿，待来日定居山中，再作隐居之打算。"虽然她并未立即答应名士的提议，但从那之后，鲍令晖的诗作中开始更多地流露出对自然的热爱和对隐逸生活的向往。例如她曾作诗云："青山绿水常相伴，云雾缭绕绕梦归。若得一朝心愿满，愿做山中隐逸人。"这些诗句表达了她对隐居生活的向往，同时也反映了她内心的淡泊与宁静。

春日诗行

鲍令晖的早期作品，多以描写自然景物和抒发内心情感为主。这一时期的作品风格清新婉约，充满了青春的朝气与纯真。例如，她在青年时期创作的《春日行》一诗，便是其中的代表作："春风拂面绿杨烟，桃李芬芳满园间。花开时节人易老，且共春光共流连。"这首诗描绘了春天的美景，表达了对青春易逝的感叹。诗中既有对自然的赞美，也有对人生短暂的思考，显示出鲍令晖在年轻时便已具备深刻的哲思能力。这一时期，她的作品往往具有较强的抒情性和细腻的情感表达，展现了她敏锐的观察力和对生活的热爱。在她的笔下，春风柔和地拂过，带来了万物复苏的生机，而绿杨和桃李则是这幅生动景象的点缀。诗人通过对这些自然景物的细致描绘，表现出了她对生活的热爱和对大自然的敏感体察。虽然这首诗的主题是春天的美好，但她在诗中也流露出对青春短暂的忧思。正如她所写"花开时节人易老"，在对美景的陶醉中，她也不禁为青春的易逝而感伤。这种感慨与她对自然的观察相结合，展现了她内心世界的深度与复杂性。除此之外，鲍令晖也常常流露出对美好事物的珍视和对生命短暂的深切体会。例如，她的另一首早期作品《夏日闲游》描绘了盛夏时节的郊野风光："绿荫幽草满园香，蝉鸣鸟啼声声长。闲来独步寻清凉，溪水潺潺绕石梁。"这首诗展示了她在自然中获得的宁静与满足。诗中的绿荫、幽草、蝉鸣和潺潺的溪水，都是她与自然亲密接触的产物，表现了她对自然的热爱和对生活的闲适态度。虽然表面上看，这首诗充满了闲适的情调，但其中的"声声长"却隐含着一丝对时光流逝的感慨。这种感怀不仅仅是对自然的观察，更是她对人生短暂的深切认识。

随着年龄的增长和人生阅历的丰富，鲍令晖的作品逐渐变得深沉厚重，开始更多地关注社会现象和人生命运。例如，她在中年时期创作的《秋思》一诗，就表现了她对时

鲍令晖画像

光流逝和人生无常的感慨:"秋风萧瑟叶凋零,岁月如梭无尽情。回首旧时青葱日,唯余心头寸寸冰。"这首诗充满了对时间无情的无奈和对人生短暂的痛惜。她通过秋风、落叶等意象,表现出一种深沉的哀愁和人生的无常。在《秋思》中,秋风和落叶是两个重要的意象,它们象征着时间的无情流逝和生命的逐渐凋零。诗人通过这些自然景象的描绘,表达了她对岁月流逝的无奈和对过去时光的追忆。这首诗与她早期的作品形成了鲜明的对比,早期作品中充满了对生命的热爱与赞美,而到了中年,她的诗中则多了一份沉重的思考和感慨。这种变化反映了她在生活中逐渐积累的经验和智慧,也展示了她对人生命运的深刻理解。例如,她在《夜雨寄怀》中写道:"夜雨潇潇不成眠,孤灯映影泪涟涟。人情冷暖皆如梦,半生奔波为谁怜。"这首诗展现了她对人生境遇的深刻反思。夜雨、孤灯、泪水,这些意象共同构成了一幅凄凉的画面,表现出她在面对生活困境时的无奈与感伤。"人情冷暖皆如梦"的一句,更是她对人际关系中冷漠与疏离的深切感悟。通过这样的抒情方式,她不仅表达了个人的情感,更揭示了人世间普遍存在的冷暖无常。

鲍令晖的晚年作品,展现了她在经历了人生的风雨之后,逐渐趋于宁静和淡泊的心境。这一时期的作品更多地关注自然与人生的和谐,并展现了她对生命本质的思考与领悟。在这一阶段,鲍令晖的诗歌风格趋于简洁凝练,但内涵深远,表现出一种悠远宁静的美。例如,她的晚年作品《隐居山中》便是这一时期的典型代表:"青山不语水常流,云起云落几度秋。人间万事皆如梦,唯有山林似故友。"这首诗描绘了山中宁静的自然景象,表达了诗人对尘世的淡泊与超脱。诗中的青山流水、云卷云舒,象征着永恒与自然的无尽变化,而"人间万事皆如梦"则体现了诗人对世事无常的哲学思考。最后一句"唯有山林似故友"则点明了她内心对自然的依恋与归属感。在诗作中更加展现一种与自然的和谐共处,表现鲍令晖对人生的深刻理解。她通过对山水自然的描绘,表达了对尘世喧嚣的疏离以及对自然的归属感。在《隐居山中》一诗中,青山和流水象征着永恒与自然的无尽变化,而"云起云落几度秋"则是时间流逝的标志。鲍令晖通过这些意象表达了她对生命的哲学思考，展现了她对世事无常的透彻理解。最后一句"唯有山林似故友"，更是她晚年心境的真实写照，表明她在经历了人生的风雨之后，终于在自然中找到了内心的平静与满足。

鲍令晖的一生才情，以其独特的文学风格和深刻的思想内涵，在中国古代文学史占有一定的地位。她的作品从青春年少到晚年隐逸，贯穿了她一生的心路历程，也反映了她在不同人生阶段对生活、对自然、对人生的深刻理解与感悟。鲍令晖在诗歌创作中展现了自己独特的才华，更通过作品表达了她对人生的哲学思考和对人类情感的深刻洞察。

岁月流芳

令晖歌诗，往往断绝清巧，拟古尤胜。

——钟嵘《诗品》

鲍令晖诗流传不多，《玉台新咏》录其诗七首，其中为人所传诵的是拟古之作，如《题书后寄行人》《拟客从远方来》等。

——《玉台新咏》

鲍令晖的诗作，尚有另外四题六首。其一为《拟青青河畔草》，其二为《拟客从远方来》，其三为《古意赠今人》，其四为《代葛沙门妻郭小玉诗》二首。这些诗，均属拟古乐府诗题之作。

——钱仲联《鲍参军集注》

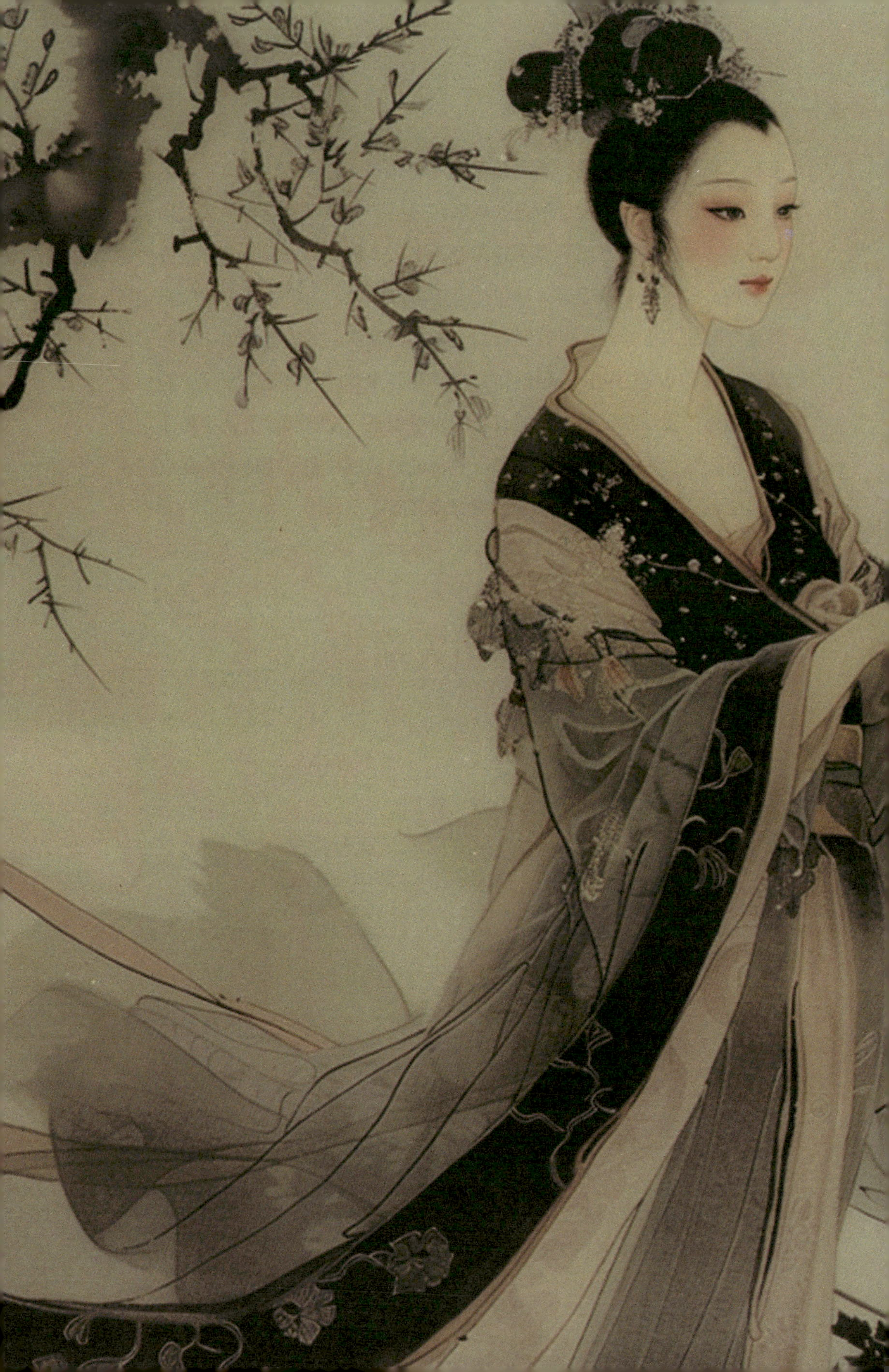

玉洁冰清,才情卓绝

——刘令娴

她才情出众,广受赞誉

她是南朝梁代著名的女诗人

她的《祭夫文》感人至深

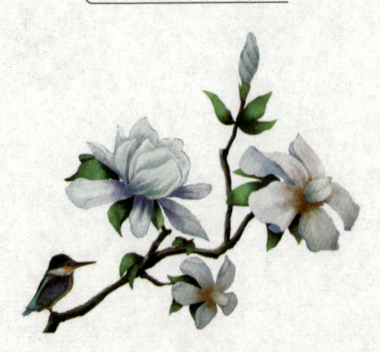

灵秀初成

刘令娴，约公元525年前后在世，字不详，出生于彭城（今江苏徐州）的一个官宦之家。她的父亲刘绘曾任齐大司马从事中郎，而她的兄长刘孝绰更是南朝梁著名的文学家。刘令娴在这样一个书香门第中长大，自幼受到良好的文学熏陶。作为刘家的三女儿，她被称为"刘三娘"，并嫁给了东海的名士徐悱。

刘令娴生于南朝梁初年，这个时代社会相对稳定，文化发展较为繁荣，尤其是在江南地区，诗词创作蔚为风尚。刘家所在的湖州，正是文化的重镇之一，文人雅士云集，诗词歌赋盛行。在这样的文化氛围中，刘令娴自幼便受到浓厚的文学熏陶。

她的父亲是一位爱好文学的官员，常常在家中举办文人雅集，这些活动不仅丰富了刘令娴的见闻，也使她从小便与一批杰出的文人诗人接触，这对她日后的文学创作影响深远。刘令娴的母亲同样是一位才女，精通诗词歌赋，她在家中承担了对女儿的启蒙教育。刘令娴的家族虽然显赫，但她并没有因此养成骄纵的性格。相反，她自幼便展现出沉稳的性格和勤勉的态度，这在当时的女诗人中颇为难得。

家庭的熏陶和时代的影响，使得刘令娴在很年轻的时候便形成了自己独特的文学风格。她的早期作品多以描写自然景色和抒发个人情感为主，刘令娴的诗词风格清新自然，语言优美，情感真挚，既有传统的婉约之美，又不乏豪放的气息。

刘令娴

风韵逸事

幼年启蒙

刘令娴在五岁的时候，便已经能够背诵《千字文》和《诗经》中的篇章。这一表现令她的父亲大为惊喜，认为女儿在文学方面展现出了非凡的天赋。于是，他决定为刘令娴请来一位名师，专门教导她诗词歌赋。刘令娴的老师是一位饱经风霜的老学者，曾在京城任职，后因厌倦官场纷争而归隐乡野。他不仅在诗文上造诣深厚，还对人生有着深刻的见解。看到刘令娴天资聪颖，他便格外用心地教导她，不仅传授她诗词的韵律与技巧，还教她如何在文字中表达情感和思想。老师的教导使得刘令娴的诗词造诣日渐深厚，年纪轻轻便已展现出卓越的文学才华。这个时期的刘令娴，深受家庭和师长的熏陶，对文学产生了浓厚的兴趣，尤其是对诗歌的喜爱，几乎达到了痴迷的程度。她常常在庭院中默诵诗句，以此开始新的一天。晨曦初露，刘令娴便独自站在庭院中，轻声诵读《诗经》中的篇章。她那清脆悦耳的童音与庭院中的鸟鸣交织在一起，仿佛自然界的一部分。这一幕让她的父母深感欣慰，认为女儿定能在文学上有所成就。

她常常将自己对周围景物的观察与感受融入诗中，这些诗作虽尚显稚嫩，却已透露出她独特的文思与才情。她的父母对此感到无比自豪，并给予了她充分的支持。他们不仅为她提供了良好的学习环境，还经常鼓励她参加家庭内部的诗文交流活动，使她得以在实际中不断提升自己的文学修养。

思夫佳作

南朝时期,文化艺术繁荣,文学创作空前活跃。在这个时代,涌现出一批杰出的女诗人,她们以独特的视角和才情,在中国文学史上绽放。刘令娴,作为其中的佼佼者,以其独特的文学风格和丰富的情感表达,在南朝文坛上占据了一席之地。她的作品不仅反映了个人的情感世界,也折射出当时社会风貌与文化氛围。

刘令娴的文学天赋早在年少时便初露锋芒,她的作品中体现出极高的文学造诣。尤其是在丈夫徐悱去世后,刘令娴创作了《祭夫文》,这篇文章以辞意凄婉、感情真挚著称,甚至让当时名士都"搁笔"而赞叹不已。《祭夫文》载于《艺文类聚》,成为后世研究刘令娴的重要文献之一。在文中,她深情地表达了对亡夫的追忆和哀伤,字里行间充满了真挚的感情。例如,"一见无期,百身何赎""百年何几,泉穴方同"等句,虽无华丽辞藻,却感人至深。这篇祭文不仅表现了刘令娴深厚的文学功底,更展现了她作为女性对爱情的忠贞和对逝去亲人的深切怀念。

刘令娴的诗歌创作常常以"闺怨"为主要主题,表达了女性在婚姻生活中的种种情感,尤其是对爱情的渴望和思念。她的《答外诗》二首,便是回赠丈夫徐悱的佳作。在这两首诗中,刘令娴通过对自然景物的描写,巧妙地表达了自己内心的相思之情。例如,"落日更新妆,开帘对春树。鸣鹂叶中舞,戏蝶花间鹜。"这几句诗通过描绘落日、春树、鸣鹂、戏蝶等意象,表现了刘令娴对丈夫的深切思念。在另一首《答外诗》中,刘令娴写道:"夜月方神女,朝霞喻洛妃。还看镜中色,比艳似知非。"通过夜月、朝霞、镜

刘令娴

中容颜等形象的描绘，抒发了她对青春逝去、时光流逝的无奈与感伤。这些诗句展现了刘令娴的文学功底，也反映出她对生活的深刻洞察和感悟。《听百舌诗》则是刘令娴另一首抒发思念之情的佳作。在这首诗中，她写道："风吹桃李气，过传春鸟声。净写山阳笛，全作洛滨笙。"这些诗句将自然界的声音与她内心的思念情感相结合，生动形象地表现出她对远方丈夫的无尽思念。

刘令娴的诗歌风格受南朝民歌影响较深，其语言清新，风格流丽，尤其是她的情诗，在当时文学圈中具有独特的魅力。她的作品不仅表达了个人情感，还反映了那个时代女性在爱情和婚姻中的心理状态。

清代学者王士禛曾在《池北偶谈》中评论刘令娴的诗作时说道："正如高仲武所云：形质既雌，词意亦荡。"这是对刘令娴诗作的一种批评，认为她的诗作内容放荡，不合规矩。然而，这种批评显然带有封建时代的偏见。事实上，刘令娴的诗作恰恰反映了南朝齐梁时期文学创作的自由风气，以及女性诗人突破传统束缚，敢于表达自我情感的勇气。

刘令娴画像

尽管刘令娴的部分诗作因为其"出格"描写而引起争议,但她的文学成就不容忽视。她在南朝文坛上的影响力,尤其是在女性文学领域的贡献,是不可磨灭的。她的诗作被收入《玉台新咏》,成为后世文学研究的重要资料。刘令娴不仅是南朝文坛的风华才女,更是中国文学史上一位杰出的女性诗人。

南朝齐梁时期,社会相对开放,文化艺术繁荣,文学创作活跃。作为这一时期的女性诗人,刘令娴的作品反映了当时社会的文化氛围和风尚。她的诗作不仅表达了个人情感,也折射出当时女性在社会中的地位和心理状态。在南朝齐梁时期,女性诗人的创作往往被赋予一定的社会意义。她们的作品不仅仅是表达个人情感的工具,还在某种程度上反映了当时社会对女性的期望和要求。刘令娴的诗作,尤其是《光宅寺》等作品,虽然因其大胆的表达而受到批评,但也正是这些作品,展现了她作为女性诗人突破传统束缚,勇于表达自我情感的独立精神。

同时,刘令娴的作品也反映了南朝时期文学创作的多样性。她在诗中大胆地运用比喻和象征手法,将个人情感与自然景物巧妙结合,创造出一种既具有艺术美感,又富有情感深度的文学风格。这种风格不仅在南朝文坛独树一帜,也为后世文学创作提供了宝贵的借鉴。

岁月流芳

其三妹,一适琅邪王叔英,一适吴郡张嵊,一适东海徐悱,并有才学。

悱妻文尤清拔,所谓刘三娘者也。悱为晋安郡卒,丧还建邺,妻为祭文,辞

刘令娴

甚凄怆。

——李延寿《南史》

孝绰兄弟及群从诸子侄，当时有七十人，并能属文，近古未之有也。其三妹适琅邪王叔英、吴郡张嵊、东海徐悱，并有才学，悱妻文尤清拔。

——姚思廉《梁书》

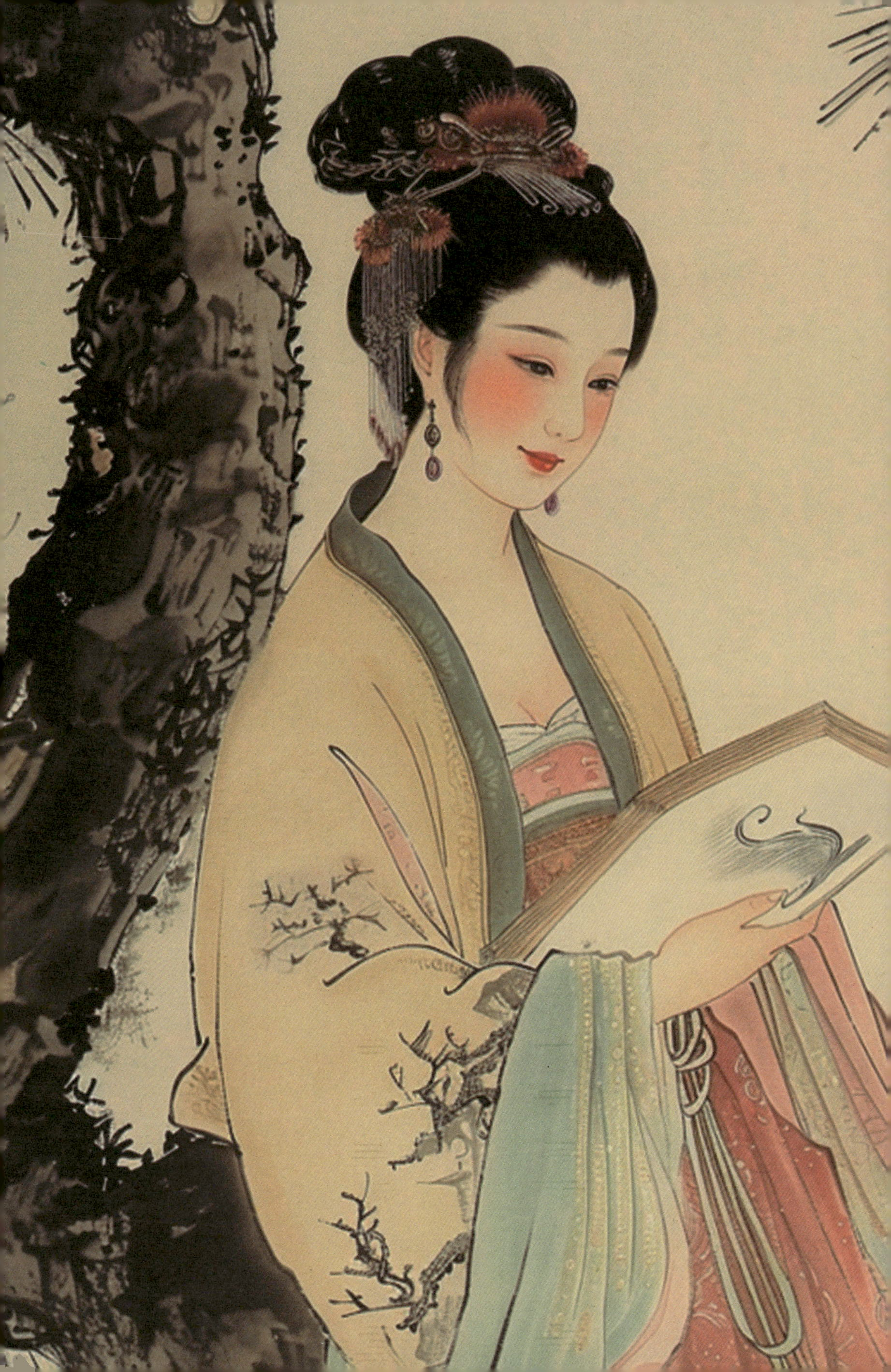

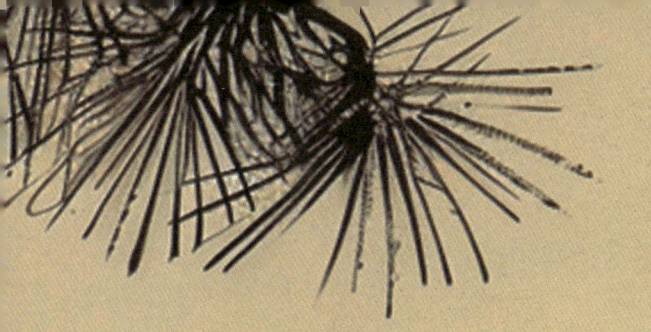

才情卓绝，清新隽永 ——徐惠

她是唐代第一位女谏官

她是首位以文才获得皇帝赏识并晋升的嫔妃

她因其卓越的文学才华和政治智慧，在正史中留下了自己的列传

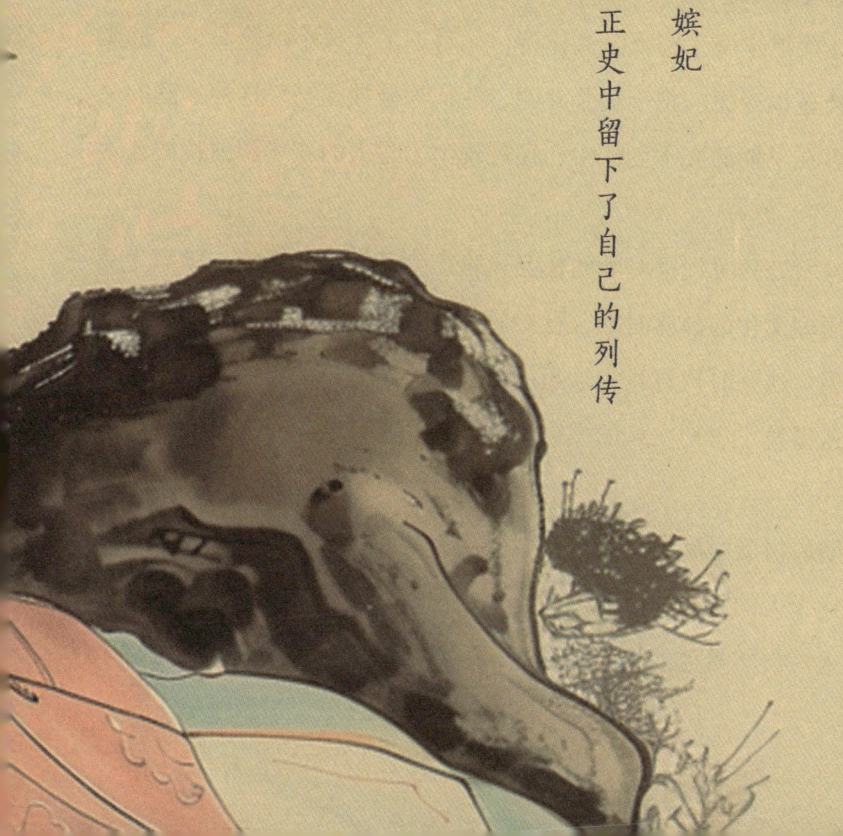

灵秀初成

徐惠（627年—650年），湖州长城人（今浙江省长兴县人），是唐代初期一位杰出的女性诗人。她出生在一个文采斐然的家庭，父亲徐孝德是一位博学多才的文人，母亲也通晓诗书，这样的家学渊源为徐惠的才华打下了坚实的基础。徐惠自幼便展现出卓越的聪颖和才情，年仅五岁便能诵读经典，稍长，便开始学习写作，特别是在诗歌创作方面，她的天赋得到了充分的展现。在徐惠成长的过程中，家庭教育对她的影响尤为深远。她的父亲徐孝德对她寄予厚望，常常亲自教授她经典文学，并鼓励她在诗歌创作中融入个人情感和独特的思考。

父亲曾经让徐惠学着《离骚》去作诗，她写下了《拟小山篇》，"仰幽岩而流盼，抚桂枝以凝想。将千龄兮此遇，荃何为兮独往？"这种家庭的文化氛围使得徐惠在早期的文学创作中，便展现出了过人的才华和独特的艺术视角。

同时，徐惠所处的时代也对她的作品风格产生了深远的影响。徐惠生活在唐初，正值唐朝文化的鼎盛时期，社会较为开放，尤其是对女性的教育也有了一定的重视。这一时代背景为徐惠的成长提供了宽广的舞台。她不仅受家庭的影响，还得益于唐初文坛的熏陶，这使得她在诗歌创作上具有独特的风格。

徐惠的早期风格受家庭教育和时代背景的影响较大，她的诗作多以抒情为主，注重表达个人的思想情感，同时也展现出对现实生活的关注。她的作品中，常常融入对自然景色的描绘，通过对自然的赞美，表达内心的情感，这种以景抒情的创作手法,成为她诗歌的一大特色。徐惠的诗作语言清新自然,富有音乐感,且意境深远,表现出她高超的文学才华。

风韵逸事

初显才情

初唐,文化昌盛,文人雅士们常常聚集在一起,饮酒赋诗,探讨文学与哲学。对于那些有才华的子弟而言,参加这样的文人雅集不仅是一种荣誉,更是展示才情的绝佳机会。徐惠的父亲徐孝德便是一位有名的文人,他精通经史子集,家中藏书颇丰,在当地文人圈子中享有盛誉。他对文学艺术有着极高的品位和追求,也希望自己的子女能在文化领域有所建树。

有一次,徐孝德应邀参加一场文人雅集,这场聚会汇聚了许多当时有名的学者和诗人。雅集在一个幽静的山庄中举行,四周绿树成荫,竹林摇曳,远处山峦叠翠,环境优美得如同一幅山水画。文人们在这样风景如画的地方,饮酒品茗,谈诗论道,气氛轻松而愉快。徐孝德带着徐惠一同前往,他希望女儿能在这样的场合中多见识一些世面,也让她有机会与名士们交流学习。众文人纷纷提笔写下自己的作品,在这个雅士云集的场合,人人都想展示自己的才华。然而,在这群文人中,只有徐惠是个年仅十二岁的少女。众人最初只是将她视作陪同父亲前来的小孩,未曾料想她也会参与到诗文创作中。当其他人纷纷开始创作时,徐惠也静静地提笔,凝神思索。她望着眼前的青山绿水,心中涌起一股清新的诗意。片刻之后,她的笔下便流淌出一首脍炙人口的五言律诗。当徐惠将诗作交给父亲时,徐孝德虽早知女儿的才华，却也不禁为这首诗的成熟感到惊讶。他微微一笑，将诗作传给在座的文人们品评。最初，大家对这首诗并未抱太大期望，毕竟它出自一个年仅十二岁的少女之手。然而，当他们仔细读过之后，纷纷露出惊讶之色。有几位资深的诗人甚至不敢相信这首诗真是出自徐惠之手，他们再三询问徐孝德，徐孝德只得微笑点头，确认诗作确实出自他女儿之笔。众文人纷纷对徐惠表示赞赏。雅集结束后，徐惠的诗作被在场的文人传诵开来，她的才名也由此迅速传遍了京城。

从此之后，徐惠在文人圈子里声名大振，她不再只是一个文人之后的女子，而是一位真正有才华的诗人。徐孝德见女儿得到了如此高的评价，心中自然充满了自豪与欣慰。他不仅在家中更为悉心地指导徐惠，还鼓励她多读书、多写作，激发她的创作灵感。徐惠在父亲的教导下，诗文创作日益精进，作品风格逐渐成熟，展现出了她独特的才情与内心世界。

春宫困才

随着年岁的增长，徐惠不仅在文坛上声名鹊起，也因其出众的才貌在社会上引起了广泛的关注。她的美貌与才情很快传入了皇宫，唐太宗李世民对这位年仅十四岁的才女产生了浓厚的兴趣。太宗李世民向来崇尚文采，爱才如命，他在得知徐惠的诗名后，便命人将她召入宫中，成为才人。

徐惠入宫后，虽身处深宫，却依然保持着对文学的热爱。宫中的生活虽然奢华，但对于一个生性聪慧、才情卓绝的女子来说，却未必能完全满足内心的追求。徐惠在繁华的宫廷中，常常感到一种孤寂与空虚，她时常借诗词表达内心的情感。在她的诗作中，既有对帝王的敬慕之情，也有对宫廷生活

徐 惠

的感怀和对个人命运的思索。这些作品字里行间透出一股淡淡的忧愁和对现实的清醒认知。李世民很快便注意到了这位才人的文学天赋。每逢宫中有宴会或庆典，李世民总是喜欢让徐惠即兴赋诗，以此来调节宴会的气氛。唐太宗多次召见徐惠，但是徐惠不愿立即前往，她给太宗写了一首诗。诗的前两句"朝来临镜台，妆罢暂裴回"，描绘了诗人清晨起床后，对着镜子梳妆打扮的场景。虽然她已经装扮完毕，却没有急着回应太宗的召唤，而是在镜前徘徊。这些细节通过"朝来"和"暂"两个词表达出来，显示出她在梳妆时并没有花费太多时间，而是在故意拖延，暗示她内心的不情愿与对权力的微妙反抗。同时，这两句也刻画了她在镜前的美丽姿态，给人一种娇媚动人的印象。接下来的两句"千金始一笑，一召讵能来"，巧妙地引用了"千金一笑"的典故，质疑太宗是否认为他的一纸诏书就能轻易让她前往。这里的"始"和"讵"两个词进一步强调了她的自信与不屑，暗示她认为自己的微笑是无比珍贵的，不是他想要就能得到的。徐惠每次在诗作中都能展现出她独特的才情和敏锐的洞察力，她的诗文语言优美，意境深远，不仅令李世民大为赞赏，也赢得了后宫众人的钦佩。

徐惠虽然身处宫廷，但她并未因奢华的生活而迷失自我。她看得很清楚，宫廷中的权力斗争、尔虞我诈并非她愿意沉浸其中的世界。她更在乎的，是那些在战乱和饥荒中挣扎求生的百姓，以及国家的长治久安。她常常思索，如何才能在

徐惠画像

这动荡的时代中,为百姓谋取更多的安定和幸福。在李世民统治期间,尽管国家逐渐走向繁荣,但边疆的战争和内部的权力纷争仍然不断。徐惠深知,这样的局势对国家的长远发展十分不利。她希望李世民能够将更多的注意力放在国家的内政建设上,而不是频繁用兵。她认为,只有国家的根基稳固,百姓的生活安定,唐朝才能真正走向长治久安。

于是,徐惠撰写了一封恳切的《谏太宗息兵罢役疏》。这封谏书并不是为了自己的私利,而是发自内心对国家命运的关切。她知道,作为一个女性,在封建社会中直言进谏需要巨大的勇气,甚至可能引起非议和争议。然而,徐惠无所畏惧。在谏书中,徐惠明确表达了她对国家未来的忧虑。她指出,频繁的战争不仅消耗了国家的财力和人力,也让百姓陷入了深重的苦难。她希望李世民能够体恤百姓的疾苦,减少用兵,将更多的资源投入到国家的内政建设中。她提议加强农业生产、改善税收制度、振兴教育等,以确保国家的长治久安。

李世民在收到徐惠的谏书后,被她的真诚和智慧深深打动。作为皇帝,他深谙权力的运作方式,也知道在那个战乱频仍的时代,军事力量的重要性。然而,徐惠的谏言让他意识到,战争虽然可以一时稳定政权,但真正的国力来自内政的稳固和百姓的支持。在徐惠的影响下,李世民逐渐收起了频繁用兵的心思。他开始更加重视国家的内政建设,努力让百姓安居乐业。李世民调整了国家的财政政策,减轻了百姓的负担,鼓励农业生产,促进了经济的发展。他还注重文化教育的发展,推动科举制度的完善,以吸纳更多的贤才为国家效力。在这一系列举措的推动下,国家逐渐安定下来,百姓的生活也逐步改善。然而,好景不长,李世民终因积劳成疾,在650年病逝。李世民的去世对徐惠来说是一个巨大的打击。李世民去世后仅一年,徐惠也因病离世,年仅24岁。

徐惠离世后,她的作品被后世文人广泛传诵。徐惠因其在文学和政治上的卓越贡献,被《旧唐书》和《新唐书》等正史专门列传记载,这在唐代后

徐 惠

宫嫔妃中极为罕见。

徐惠在那个男尊女卑的时代,用自己的才华和行动,打破了女性不能参与国家大事的传统观念。她与李世民并肩,为"贞观之治"的盛世功业贡献了自己的一份力量。徐惠以其坚定的信念和卓越的见识,赢得了李世民的信任和敬重,也为后世树立了一个女性才华与品格的典范。徐惠的一生就像一抹坚贞不屈的嫣红,在历史的长河中熠熠生辉。她的才华和精神不仅为那个时代增添了光彩,也为后世的人们留下了深刻的启示。她的故事告诉我们,真正的智慧和勇气,不分性别,也不分身份。只要心怀天下,勇于追求真理,任何人都可以为国家和社会做出卓越的贡献。

岁月流芳

惠,字令娴,湖州长城人。幼而聪慧,四岁通《论语》《毛诗》,八岁善属文。太宗闻其名,召为才人,迁婕妤,后为充容。贞观末,太宗频起征伐,惠上疏极谏,辞理慨切,太宗嘉之。

——欧阳修、宋祁《新唐书》

(一朝歌舞荣,夙昔诗书贱),岂徒宫闱中,士之变塞者类然也。此语殆参透人情。贤妃诗饶有气骨,殆非上官婉儿可比。

——贺裳《载酒园诗话》

她(徐贤妃)的著作,长于骈赋,诗亦端雅可诵。

——谭正璧《中国女性文学史》

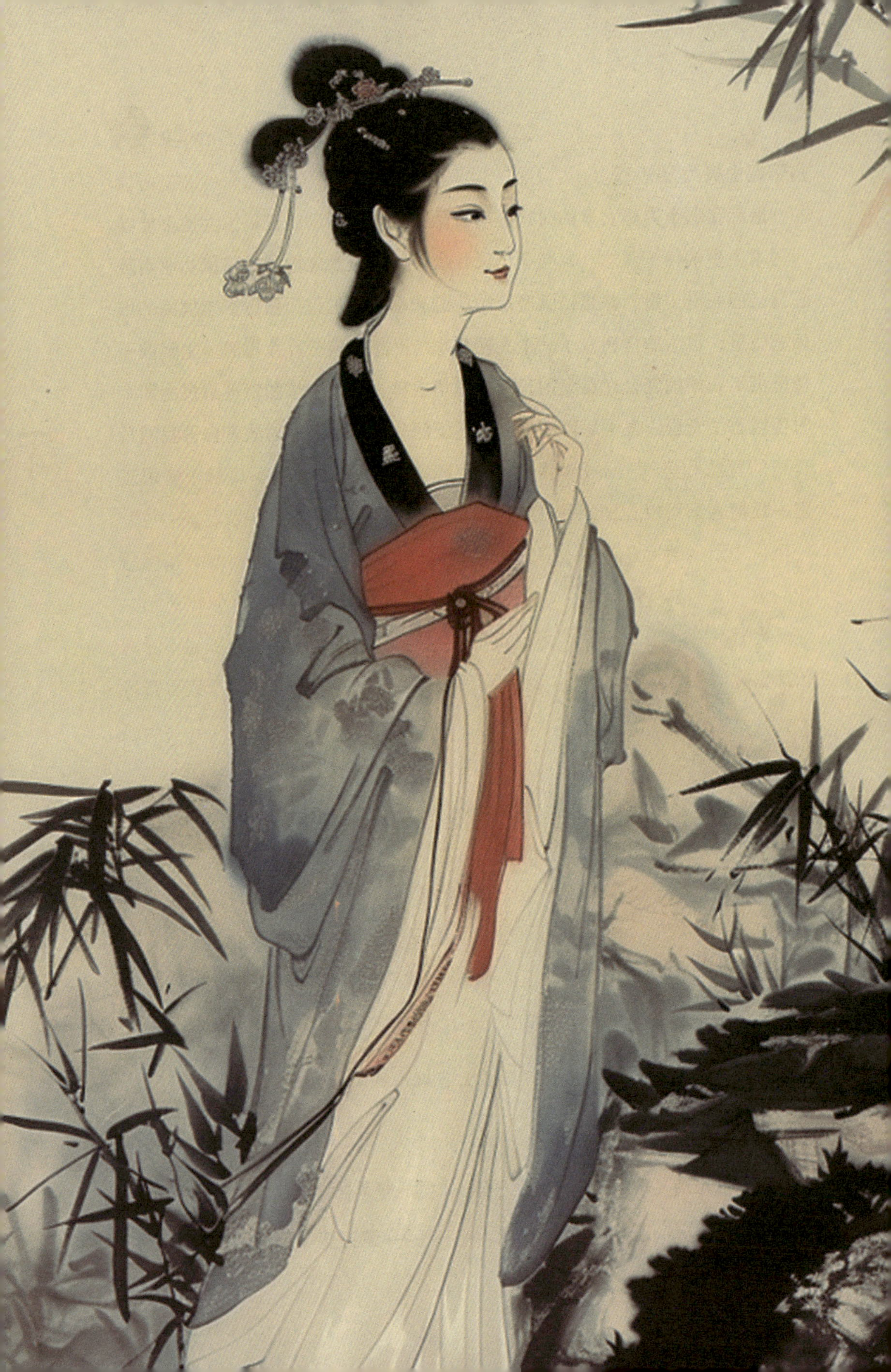

诗才俊逸，姿容绝世
——李冶

她被称赞为『女中诗豪』

她是唐代少有的才貌双全的女性之一

她以其清丽脱俗的诗风和丰富的情感内涵而闻名

灵秀初成

李冶（约730年~784年），字季兰（《太平广记》中作"秀兰"），是唐朝诗坛上享有极高的声誉。她生于乌程（今浙江吴兴），一个文化氛围浓厚的世家。李冶自幼便聪慧过人，不仅在诗歌方面展现出了卓越的才华，还因其容貌姣好、气质非凡，被誉为"才貌双全"的典范。

在她年仅六岁时，便以一首咏蔷薇诗"经时未架却，心绪乱纵横"震惊了家人。这首诗句的意境之深、情感之细腻，让人难以相信出自一个稚童之手。诗中"心绪乱纵横"一语，表现了对蔷薇迟迟未架、花期将过的惆怅心情，这种复杂的情感体验，远超她的年龄，显示出她超凡的感知能力和创作天赋。然而，正是这一首早熟的诗作，在李冶的父亲心中埋下了深深的忧虑。他认为，女儿如此年幼便表现出敏感而细腻的情感体验，预示着她未来可能会面临更多的情感波折与人生不安定。

李冶父亲是一个谨慎且深思熟虑的人，他担心女儿若继续在世俗生活中成长，难免会因情感过于丰富而遭遇坎坷，甚至影响一生的幸福。在这种复杂的心理驱动下，李冶的父亲做出了一个在当时看来颇为极端的决定：为了让女儿避开俗世的纷扰与可能的情感波动，他决定让她在十一岁时出家为女道士。此时的李冶，正是天真烂漫、对未来充满憧憬的年纪，但为了顺从父亲的意愿，她被送入了长安的玉真观，从此开始了她半世修行、半世入世的独特人生。李冶的出家并未完全隔绝她与尘世的联系。相反，在玉真观的岁月里，她的诗才得到了更大的发展，并以一位女道士的身份，活跃于唐代文人圈中。

李冶

风韵逸事

初露才华

某年春天,京城举办了一场盛大的诗会,邀请了京城内外的许多才子佳人。当时的李冶年纪尚轻,但她的诗才早已传遍京城,于是被邀请参加。诗会设在一处景色优美的园林之中,四周百花盛开,湖水荡漾,景致如画。参与者们纷纷即景赋诗,展示各自的才情。轮到李冶时,她毫不怯场,轻启朱唇,吟出一首《暮春游小园》:"露润幽芳,花落尽,梦魂归处,一池春水清如许。"全场静默,随即爆发出热烈的掌声。她的诗句不仅描绘出春日园林的美景,更透出一种淡淡的哀愁和对生命无常的感悟,令在场的文人墨客叹为观止。

巧破疑案

当时,京城中一位高官之子在一次诗会后离奇失踪,官府多方调查却毫无头绪。由于失踪者的身份特殊,此案在京城引起了极大的轰动。有人怀疑是江湖人士所为,也有人猜测是宫廷内斗的结果。就在众人束手无策之时,李冶突然找到负责此案的官员,请求一见失踪者的住所。李冶在失踪者的书房中,看到了一幅尚未完成的书法作品,上面仅书写了半首诗。李冶凝思片刻,随即提笔补全诗句:"残星几点雁横秋,夜深千帐灯如昼。人影绰绰迷楼阁，谁能解我心中愁？"这一诗句不仅巧妙地与原文契合，更点明了失踪者可能的藏匿之处——迷楼阁。

官员立刻派人搜查京城中名为"迷楼阁"的几处建筑，果然在一处废弃的旧楼中找到了被困的高官之子。原来，此人因得罪了权贵，被暗中囚禁，李冶通过残诗中的线索，揭开了这一阴谋。此事传开后，李冶不仅因其才情，更因其机智勇敢而被世人敬仰。

拒绝皇命

有一次，唐德宗在御花园中设宴，邀请了众多文人雅士出席。宴会间，唐德宗突然命李冶即席赋诗，展示才华。面对皇帝的命令，李冶并未显露紧张，而是从容不迫地吟出了一首《秋风辞》："秋风萧瑟雨霖铃，凉夜无声寒气轻。天地寥廓寂无涯，一片相思落江湖。"诗句中的"江湖"暗含着她对自由生活的向往，诗中的情感深沉而绵长，仿佛诉说着她对仕途的无意和对自由的向往。唐德宗听罢，心中略有不悦，认为李冶是在婉拒自己对她的提拔之意。于是，唐德宗便问她："卿为何不愿入仕？"李冶微微一笑，回答道："臣女生于江南，长于水乡，心系山水，实难适应宫廷之拘束。"唐德宗听后，虽心中不悦，但也欣赏她的直率与才情，最终并未强迫她入仕，反而赐予她丰富的赏赐。李冶回到家乡后，以诗相谢，吟出了一首《谢恩赋》："恩深如海心自明，万

李冶画像

里江山寄心声。愿将才情献山水，不负盛唐天下情。"这首诗既表达了她对皇恩的感激，也表明了她对自由生活的坚定追求。

女中诗豪

尽管身处道观，李冶依然心系文学与艺术，她常常沉醉于翰墨诗词之间。李冶生性洒脱，对文学有着极高的追求，擅长音律，并且在诗歌格律上独具匠心。她的诗才在女性诗人中出类拔萃，也获得了当时许多男性文人的赞誉和敬仰。

李冶与陆羽、皎然等人结交甚密，这段友谊在当时的文坛中传为佳话。皎然是东晋名将谢安的十二世孙，他与李冶、陆羽三人经常在一起谈诗论道，挥毫泼墨。在这段日子里李冶逐渐情窦初开，对皎然生出了深深的爱慕之情。然而，作为一名僧人，皎然心志坚定，婉拒了她的感情，以诗作答："天女来相试，将花欲染衣。禅心竟不起，还捧旧花归。"这首诗不仅委婉地表达了皎然对佛门戒律的坚持，也让李冶的感情无疾而终。在爱情上，李冶虽有波折，但她并未因此而消沉，反而愈加将自己的情感寄托在诗歌创作上。李冶对爱情有着深刻的见解。她在《八至》中写道："至亲至疏夫妻"，短短六个字，道出了爱情与婚姻中微妙的距离感。

夫妻之间有时如胶似漆，有时却又冷若冰霜，这种关系的变化让人深思。李冶以独特的视角，生动地描绘了爱情中复杂的情感，这种深刻的体悟让她的诗歌在千百年后依然能够引起共鸣。《八至》一诗，通篇以"至"字为主线，寓意深刻，展现了她对情感的独特理解和对人生的深刻洞察。这首诗的首句"至近至远东西"，在浅显的道理中揭示了人生的深刻哲理。东西两个方向虽可近可远，但其背后隐含的聚散无常，却如人生中的人际关系一般，难以掌控，充满了无奈与感伤。

李冶的情感世界丰富多彩，但是她更是一个有血有肉的女性。在她的诗歌中，可以感受到她对爱情的渴望、对人生的思考，以及对命运的无奈。与同时期的另一位女诗人鱼玄机相比，虽然同样经历了感情的波折，但李冶的情感表达更加内敛和深沉。鱼玄机的诗中多是对情感的不确定性和彷徨，而李冶则早早地洞悉了人生的规律，用诗歌表达了对情感和命运的思考。李冶的美貌与才华为她带来了无数赞誉，也让她在情感的旋涡中陷得越来越深。她的父亲曾担忧她会成为没有道德的妇人，而她最终选择出家，这或许是对世俗情感的一种逃避，也是对内心世界的坚守。在出家之后，李冶的诗歌创作更加深沉，充满了对人生的思考和感悟。

然而，李冶的命运并未因此而平静下来。在她的迟暮之年，安史之乱爆发，唐代宗皇帝听闻了她的事迹，召她入宫。然而，这次入宫并未带给她荣誉，反而成了她命运的转折点。叛将朱泚迫使李冶写诗为他歌功颂德，这一行为让李冶在战后遭到了唐德宗的斥责，最终以"扑杀"之刑结束了她的生命。

李冶的一生充满了矛盾与痛苦，她既是一个才情出众的女诗人，也是一个在封建礼教中挣扎的女性。她的诗歌展现了她的才华，也表达了她对人生、对命运的深刻思考。她的诗才让她在文坛上赢得了"女中诗豪"的称号，而她的命运则让她成为一个悲剧的象征。在千百年后，我们依然能够从她的诗句中感受到那份深沉的感情与无尽的智慧。李冶的诗歌在后世也受到了广泛的关注。她与薛涛、鱼玄机、刘采春一起，被称为"唐代四大女诗人"，她的诗集《李季兰集》虽然已经失传，但她的十六首诗歌依然流传至今，成为后人了解唐代女诗人风采的重要资料。

李冶在文学上的成就不仅仅体现在她的诗歌创作上，她的生活态度和对命运的反思也成了后世文学作品的重要主题。虽然李冶曾经历过人生的低谷

李 冶

和社会的压力，但她始终保持着一种坚忍与从容的态度。她用诗歌表达内心的痛苦和无奈，也用诗歌来抚慰自己的心灵。这种在逆境中保持从容和坚忍的品质，对现代女性具有重要的启示意义。

李冶以女性特有的细腻和敏锐，描绘了人生的复杂与无奈，展现了女性在封建社会中的挣扎与抗争。她的诗歌中充满了对爱情、对人生的深刻思考，成为后人了解唐代社会和文化的重要窗口。她的故事和她的诗歌，至今依然能够打动人心，成为我们理解唐代女性诗人和他们所处时代的重要钥匙。

岁月流芳

李冶，字季兰，唐代女诗人。其诗清丽婉约，尤以《八至》一诗最为著名。

——彭定求等《全唐诗》

季兰才思敏捷，诗风清新脱俗，尤善咏物抒怀，常以花鸟虫鱼为题材，寄托情思。

——辛文房《唐才子传》

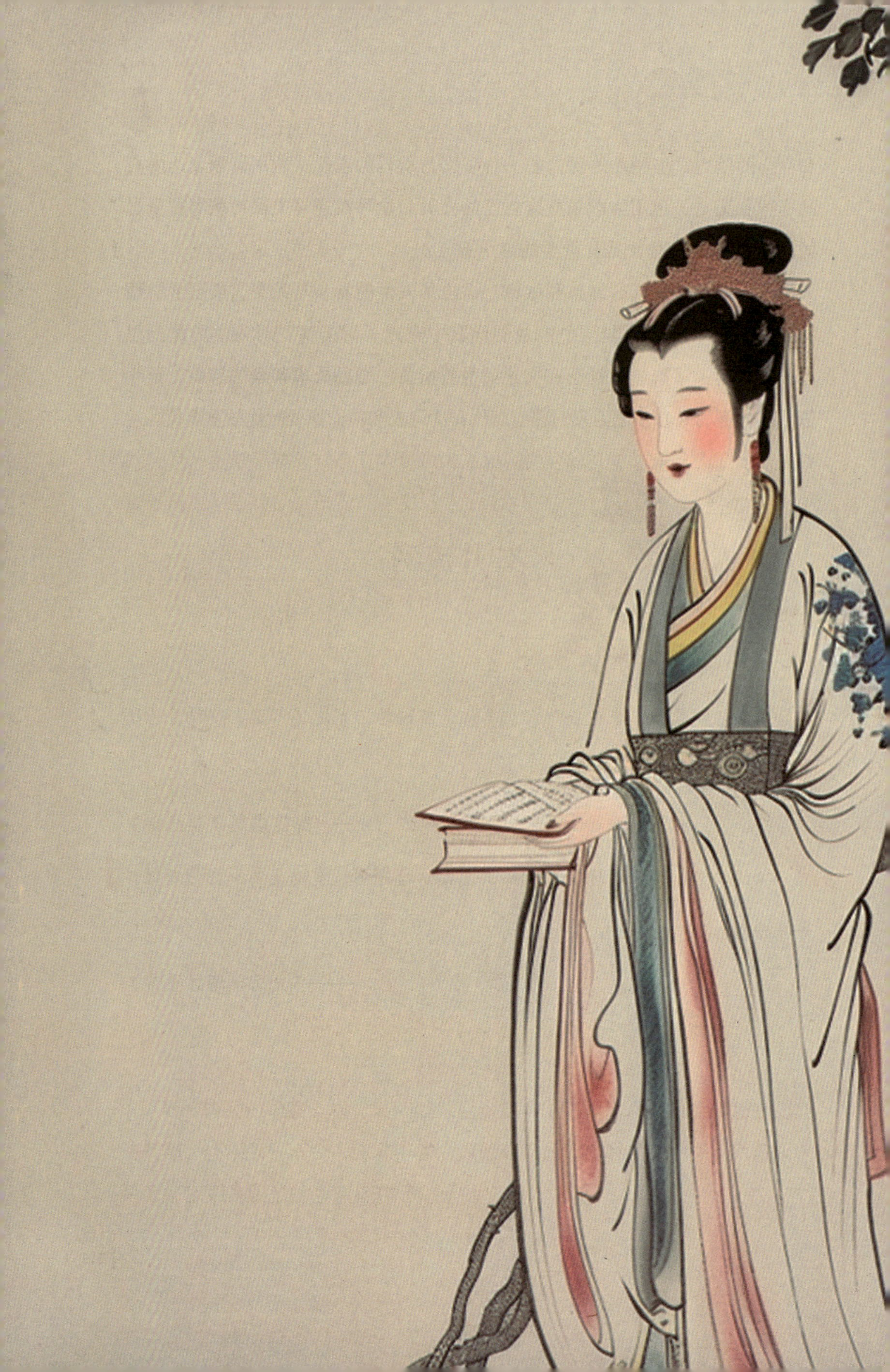

诗坛明珠,名垂千古 ——薛涛

她是大唐女校书

她是唐代的四大才女之一

她是经历繁华与坎坷而愈加光辉的奇女子

灵秀初成

薛涛,字洪度,号"女校书",是唐代著名的女诗人。这位唐代杰出的女诗人,以其卓越的才华和独特的经历成了文坛传奇。她的成长之路虽充满了曲折与磨难,却也在这过程中展示了她非凡的文学天赋和不屈不挠的精神。

薛涛出生于755年,她生于唐大历年间,成长在一个充满文化氛围的家庭中,父亲薛郧是一位有文化素养的小官,深知教育的重要性,因此在她年幼时便为她请来了名师。

薛涛自幼聪慧,尤其对诗歌和文学展现出非凡的兴趣和天赋。她不仅通读了大量的经典文献,还能在很小的年纪就进行诗歌创作,展现出惊人的才华。

在薛涛十四岁那年,她随父亲迁居至长安,这个繁华的都城。长安不仅是政治和经济的中心,更是文化的集散地。薛涛在这里接触到了更多的文化艺术熏陶,结识了许多文人墨客。她以其清新脱俗的诗风和机智灵敏的才思,赢得了众多文人的赞赏。

薛 涛

风韵逸事

寄赠薛涛

薛涛与白居易初次相识,是在一次文人雅集上。彼时,薛涛的才华早已在长安城内传开,而白居易则因其诗歌成就和官职在文人圈中颇有声望。当两人相遇时,白居易对薛涛的才华赞叹不已,薛涛也对白居易的诗歌风格颇为钦佩。两人一见如故,很快便开始了频繁的诗文往来。

白居易在《寄赠薛涛》一诗中写道"明月夜来满,花间香气多。寄书空谩道,何处是襄城?"这首诗表达了白居易对薛涛才华的赞赏以及对她的深切思念。诗中描绘了明月之夜,花间飘香的美丽景象,同时也流露出一种对友人远在襄城的惆怅之情。这种深情厚谊不仅展现了白居易对薛涛的友谊,也反映了他们之间心灵的契合。薛涛也曾多次用诗歌回赠白居易,表达她对这位友人的敬意和思念。在一首诗中,她写道:"君似明月我似星,遥遥相望长夜行。愿随君意作霓裳,共度此生无愧情。"这首诗以月亮和星星的比喻,表达了她对白居易的仰慕和对友谊的珍视。薛涛希望能够像霓裳一样,随君意舞,彼此心意相通,共度一生无愧的情谊。

两人之间的诗文唱和不仅限于私人感情的表达,还经常涉及社会问题和人文关怀。白居易的诗歌常常反映民生疾苦和社会不公,而薛涛的诗作则更多地关注女性的生活和情感。通过诗歌的互动,他们在思想和艺术上相互启发,共同进步。这段友谊在历史长河中流传至今,成了文学史上的一段美谈。薛涛和白居易的诗文唱和,不仅展现了他们的才华和友谊,也为后世留下了宝贵的文化遗产。他们的故事，既是一段动人的文学佳话，也是唐代文人风采的真实写照。薛涛与白居易的交往，使得她在长安文坛上更为活跃和有影响力。这段深厚的友谊，也为她的诗歌创作提供了丰富的灵感和情感支持。在白居易的鼓励和支持下，薛涛的诗歌创作达到了新的高度。

与元稹的情缘

元稹，字微之，是唐代著名的诗人，以其婉约动人的诗风闻名于世。薛涛与元稹两人因才华互相吸引，很快坠入爱河。他们之间的爱情故事，曾被元稹在其诗作《莺莺传》中详细描述，成了文学史上的一段佳话。

在《莺莺传》中，元稹描绘了他与薛涛相遇、相知、相恋的过程。两人在诗文中互诉衷肠，共同分享彼此的喜怒哀乐。然而，这段情缘并未如愿以偿，最终因种种原因而无疾而终。虽然未能走到一起，但这段爱情在他们各自的心中留下了深刻的印记。薛涛对元稹的感情，常常在她的诗作中有所体现。在《赠元稹》一诗中，她写道："一朝春尽红颜老，花落人亡两不知。"诗中以"春尽红颜老"来比喻青春易逝，爱情如花凋零，充满了对流逝时光和失去爱情的无奈和哀愁。薛涛用简洁的语言，道出了她内心深处的痛楚和对元稹的深情厚谊。

后来，元稹离开蜀地前往京城入翰林时，薛涛对他思念不已。为了表达这份深情，她特别制作了桃红色的小笺纸，寄给元稹。元稹在收到笺纸后，作了一首《寄赠薛涛》来回应，其中写道："别后相思隔烟水，菖蒲花发五云高。"表达了对薛涛的深切思念。薛涛也回赠了一首《寄旧诗与元微之》，诗中写道："长教碧玉深藏处，总向红笺写自随。"这表白了她对元稹的情感依恋。由于这种由薛涛亲手制作的小笺纸纸质细腻，风格独特，成为当时文人雅士们喜爱的高级纸品，因此被称为"薛涛笺"。?

薛 涛

虽然这段情缘未能圆满,但薛涛与元稹的爱情故事却在文坛上流传了下来。两人的才情和深情,通过诗歌这种艺术形式得到了永恒的体现。他们的故事,不仅丰富了唐代文学的内涵,也为后人提供了无限的遐想空间。在他们的诗文中,薛涛的柔情与元稹的深情交织在一起,形成了动人的篇章,让人们在品味他们诗作的同时,也感受到那份浓浓的情意。

才绝一生

薛涛的文学和音乐才华使她在青年时期便声名鹊起。然而,她的生活并不总是顺遂。父亲去世后,薛涛失去了家庭的庇护,生活一度陷入困境。为了生计,她被迫进入青楼,成为一名艺妓。在那个时代,艺妓不仅需要有色艺,更需要有文采和才华。薛涛凭借出色的才艺,很快在成都的青楼中脱颖而出,成为文人雅士们争相拜访的才女。

在青楼中,薛涛结识了许多当时的文人雅士,其中包括白居易、元稹、张籍等人。这些文人对她的才华赞赏有加,与她诗酒唱和,留下了许多脍炙人口的诗篇。薛涛的诗词风格清新脱俗,婉约动人,她的作品不仅抒发了个人的情感,也反映了她对生活的深刻感悟。

薛涛虽身处青楼,但她的心中却始终关心国家和百姓的命运。她的诗歌中常常流露出对国家动荡和百姓疾苦的关切之情。她曾多次在诗中表达对战争的厌恶和对和平的向往,这种忧国忧民的情怀使她的诗歌具有深刻的社会意义。薛涛的诗歌不仅仅是个人情感的表达,更是她对社会现实的关注和反思。她用诗歌记录了那个动荡时代的历史,用诗歌表达了她对国家和人民的深厚感情。她的作品不仅在文学上有很高的价值,也为后人了解唐代的社会状况提供了宝贵的资料。她的诗句常常描绘自然景物，通过这些景物表达自己的内心世界和人生感悟。例如，她在《送友人》中写道："水国蒹葭夜有霜，月寒山色共苍苍。谁言千里自今夕，离梦杳如关塞长。"前两句写别浦晚景。"蒹葭苍苍，白露为霜"，可知是秋季。"悲哉秋之为气也，萧瑟兮草木摇落而变衰；憭栗兮若在远行，登山临水兮送将归"，这时节相送，当是格外难堪。诗人登山临水，一则见"水国蒹葭夜有霜"，一则见月照山前明如霜，这一派蒹葭与山色"共苍苍"的景象，令人凛然生寒。人隔千里，自今夕始。"千里自今夕"一语，体会到诗人无限深情和遗憾。这里却加"谁言"二字，似乎要一反那遗憾之意，似乎诗人是一种慰勉的语调。

薛涛的音乐才华同样令人瞩目。她擅长弹琴和歌唱，琴声如流水般清澈，歌声婉转动人。她的音乐才华使她在文人圈中广受欢迎，许多诗人都曾为她的琴声和歌声写下赞美的诗句。薛涛的音乐不仅仅是技艺的展示，更是她情感的表达。她用音乐抒发心中的喜怒哀乐，用琴声和歌声与文人们进行心灵的交流。在那个动荡的时代，薛涛的音乐成了许多人心灵的慰藉，也成了她自己情感的寄托。

薛涛还曾担任过"女校书"的职务。当时，成都节度使韦皋非常赏识她的才华，特地为她设立了一个"女校书"的职位，让她参与文书工作。这在唐代是罕见的，薛涛因此成为中国历史上第一位担任官职的女性。在担任女校书期间，薛涛不仅继续创作诗词，还参与了许多文书工作的处理。她的才华和能力得到了韦皋及其他官员的高度评价，她也因此在文坛上更加声名显赫。

薛涛的一生虽然充满了才华和荣誉，但也经历了许多挫折和苦难。尽管她凭借才华在文人圈中赢得了尊重，但青楼女子的身份始终让她感到痛苦和无奈。在担任女校书期间，薛涛一度以为自己可以摆脱青楼的生活，实现自我的价值。然而，随着韦皋的离世，她的境遇再次发生了变化。失去庇护的薛涛不得不重新面对生活的艰难，她的心中充满了对命运的不公和对未来的迷茫。

晚年的薛涛选择了隐居生活。在成都的浣花溪畔，她独自度过了余生。

薛 涛

尽管生活简朴，但她的心中依然保留着对诗歌和音乐的热爱，她用创作来排解心中的孤寂和苦闷。薛涛的晚年作品中，充满了对人生的思考和对世事的感悟。她用诗歌记录了自己的心路历程，用音乐表达了内心的情感。她的一生虽然经历了许多苦难，但她始终没有放弃对艺术的追求和对生活的热爱。

薛涛的一生，在文学、音乐、书法等多个领域取得了杰出的成就，成为唐代乃至中国历史上最杰出的女性之一。她的作品和事迹，不仅在当时广受欢迎，也在后世得到了高度评价。她的成就和影响，使得后世女性在追求自我价值和实现自我理想的过程中，找到了榜样和力量。薛涛始终没有放弃对艺术的追求和对生活的热爱。她用自己的智慧和才华，将生活中的普通物品变成了艺术品，用自己的诗歌和音乐，抒发心中的喜怒哀乐，表达对社会现实的关注和关怀。她的一生，既是一个才女的成长历程，也是一个时代的文化缩影。

岁月流芳

薛涛，唐代乐伎，蜀中女校书、女诗人，四川第二批历史文化名人，与卓文君、花蕊夫人、黄峨并称蜀中四大才女，流传诗作90余首，收于《锦江集》。

——汪辉秀《薛涛史话》

薛涛不仅是蜀中四大才女之一，更是唐代诗坛上一颗璀璨的明珠，她的诗作充满了对生活的热爱和对自由的追求。

——周啸天《薛涛》

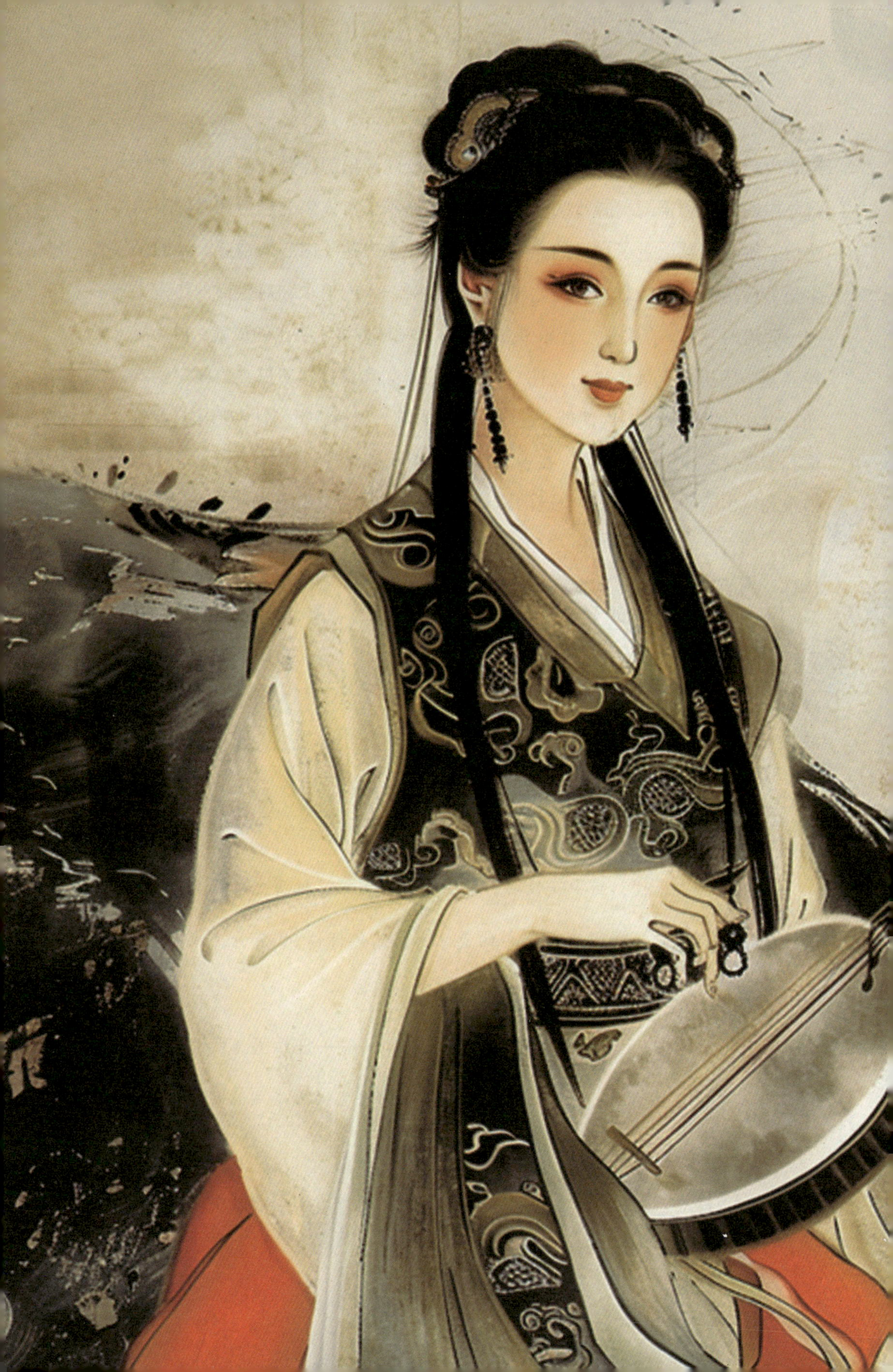

诗童之才，女中才子 —— 鱼玄机

她是唐代的奇女子
她是才情与风韵的双绝
她是勇敢追求爱与自由的文化悲歌

灵秀初成

鱼玄机,字幼薇,唐代著名女诗人。她生于唐代开元年间(公元844年),其生平颇具传奇色彩。鱼玄机的父亲是一名落魄的秀才,在仕途上不顺的他,把希望寄予唯一的女儿身上,在鱼玄机小的时候,便极力培养她。鱼玄机自幼便聪颖过人,受到良好的家庭教育,博览群书。她的母亲也是一位才女,精通诗文,常在家中教授女儿文学知识和艺术修养。在父母的精心培养下,鱼玄机不负厚望,在五岁时便成为远近闻名的小神童,饱读诗书,七岁时便能够自己作诗。

鱼玄机生活在唐朝的鼎盛时期,这时候的唐朝文化繁荣,文人辈出。唐代社会对女性的文化教育相对开放,这为鱼玄机提供了广阔的发展空间。正因为身处在这样的环境下,所以鱼玄机不愿意屈服于封建社会对女性的压迫,那时候"女子无才便是德"这句话正是对女性极大的偏见。在这样的环境下,她很早就展现出过人的文学天赋,尤其在诗词创作上,表现出色。鱼玄机的父亲对她寄予厚望,经常带她出入文人雅集,结识了不少当时的文坛名家。鱼玄机在十几岁时便以才名闻名于长安。她的诗文充满了情感和灵性,语言清丽,意境深远。尤其擅长写情诗,笔下的情感细腻而真挚,令人动容。

然而好景不长,由于家庭的变故,没过多久,鱼玄机的父亲便撒手人寰,留下母女二人相依为命。失去父亲的庇护,鱼玄机不得不面对生活的困境。本就贫穷的家庭,更是雪上加霜,鱼玄机的母亲靠给附近青楼的女子洗衣服维持生计,鱼玄机则每日埋首于诗书之中,吟诗作对。十二岁的她,已经因为出众的才华在当地小有名气。然而，这种平静的生活被一位慕名而来的客人打破了。他就是与李商隐齐名的"温李"之一，温庭筠。

风韵逸事

初遇温庭筠

温庭筠来到这个贫困的小家庭后，看到了年幼的鱼玄机容貌出众，才情过人，从此经常出入鱼家，悉心教授鱼玄机诗词歌赋，成为她的朋友和老师。而温庭筠已经四十岁，整整比鱼玄机大了三十岁，他对这位小诗童只能止于怜爱。但年幼的鱼玄机却早已对这个风流倜傥的大诗人心生爱慕。温庭筠与鱼玄机保持着师徒关系，教授她诗文，指导她的创作。在他的指引下，鱼玄机的才情日益精进，逐渐在文坛上崭露头角。

温庭筠不仅教授鱼玄机诗词创作，还带她出入各种文人聚会，让她与各大名家交流学习。

有一次，长安的文人们聚会，鱼玄机被邀请与众人对诗。面对一群久负盛名的诗人，她毫不怯场，才思敏捷，对答如流，令在座的文人们大为惊叹。她所作的诗句清新脱俗，言辞优美，显示了她在诗词上的深厚功力。正是通过这次聚会，鱼玄机在长安文坛上初露锋芒，赢得了"女中才子"的美誉。然而，鱼玄机深知，作为一名年轻女子，要在文坛上立足，光靠才情是不够的。她始终保持着自律和谦虚，不愿因自己的才华而引起过多的关注，尤其是不希望因为才华成为流言蜚语的对象。她在文坛上保持低调，但她的诗名却因此更加广为流传。

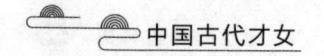

卧雪吟诗

鱼玄机在咸宜观出家为道士后，生活清贫，但她并未因此放弃对文学的追求。一次，长安大雪纷飞，鱼玄机独自一人在庭院中吟诗。她身穿单薄的道袍，任由雪花落在她的肩上和发间，口中默默吟诵着诗句。这时，途经咸宜观的一位文人偶然看到这一幕，深感震撼。鱼玄机在雪中吟诗的情景，让他不禁为之动容。他走上前去，与鱼玄机交谈。鱼玄机并未因为生活的困境而失去对诗歌的热爱和对生活的热情。她用简洁而深刻的语言，表达了她对人生和命运的思考。

这位文人将鱼玄机的诗句记录下来，并传诵于长安各大文人圈子。鱼玄机的诗歌再次引起了人们的关注。她的坚忍和才华，让她在困境中依旧保持着对文学的热爱和创作的激情。她在雪中吟诗的情景，也成为后人传颂的佳话。

惊鸿一瞥

鱼玄机的美貌和才情让她在长安文坛上备受瞩目。一次，她在城中的一个酒馆偶遇了一位年轻的才子。才子初见鱼玄机，便被她的美丽和气质所吸引，情不自禁地上前搭讪。鱼玄机并未因才子的唐突而生气，反而以机智和幽默应对。她用优美的诗句和才子对答如流，展现了她过人的才华。才子被她的才情深深折服，两人一见如故，畅谈甚欢。然而，鱼玄机深知自己身处清苦的道观，生活困顿，不愿连累才子。她在分别时，赠予才子一首诗，表达了她对才子的感谢和祝福。才子离开后，久久不能忘怀鱼玄机的风采和才情。

鱼玄机

为情所困

某日，温庭筠的好友李亿前来拜访，正巧看见了鱼玄机为温庭筠写的诗："自恨罗衣掩诗句，举头空羡榜中名。"便询问是谁所写。温庭筠看到李亿是一个翩翩公子，且与鱼玄机年纪相仿，便撮合两人见面。两人一见钟情，情投意合，不久便走到了一起。

然而，命运捉弄人。鱼玄机终究是错付了。鱼玄机嫁入了李家，却只是个妾。原来，李亿早已有了家室。李亿的妻子得知鱼玄机被娶回家后，难以容忍，常常对她打骂，想要将她赶出家门。最终，李亿一纸休书将鱼玄机赶出门外，但他还是舍不得，告诉鱼玄机等待他三年，若他进京赶考高中后，便回来接她回家。

鱼玄机就这样离开长安，远走江陵。她在曲江一带找到一处道观，一边静修一边等待情郎的消息。这期间，她写下了"朝朝送别泣花钿，折尽春风杨柳烟。愿得西山无树木，免教人作则悬悬。"这样的诗句，表达了她对李亿的思念。那首有名的《寄子安》也是这时写的："醉别千卮不浣愁，离肠百结解无由。蕙兰销歇归春圃，杨柳东西绊客舟。聚散已悲云不定，恩情须学水长流。有花时节知难遇，未肯厌厌醉玉楼。"这样的日子，一等就是三年，最终等来的却是李亿远赴扬州上任的消息。她孤魂落魄地回到长安。万般男子皆过客，一腔柔情弃之如敝屣。鱼玄机的心彻底死了，情也灭了。她正式加入道观，取号"玄机"，从此归于世俗，落为凡尘。

鱼玄机写下了流传千古的《赠邻女》诗："羞日遮罗袖，愁春懒起床。易求无价宝，难得有心郎。枕上潜垂泪，花间暗断肠。自能窥宋玉，何必恨

王昌?"这首诗正是她追爱无果后的伤痛写照。从此,再无鱼幼薇,唯有纵情纵欲的鱼玄机。鱼玄机从小就在烟花之地周围成长,对男女之事多有了解。于是她开始广会文人,以文会友,引得无数男子争先恐后地拜倒在她的石榴裙下。她终于不再被抛弃,从此再无真心,有的也只是放纵。

鱼玄机在道观外贴出了一副"鱼玄机诗文候教"的红纸告示,世人皆闻其美貌过人,才情出众,一时间大量的文人雅士前来拜访。他们白天吟诗作对,把酒言欢,夜晚鱼玄机则会把中意的人留下来,花前月下,共度良宵。她在《遣怀》中写下:"闲散身无事,风光独自游。断云江上月,解缆海中舟。琴弄萧梁寺,诗吟庾亮楼。丛篁堪作伴,片石好为俦。燕雀徒为贵,金银志不求。满杯春酒绿,对月夜窗幽。绕砌澄清沼,抽簪映细流。卧床书册遍,半醉起梳头。"李亿再回长安时,两人又一次相遇,然而早已物是人非。眼前景仍是当年景,眼前人早非彼时人。两人都知道已经回不去了。此后,鱼玄机更加放纵,每日寻欢作乐。直到有一天,她发现自己的婢女与情郎私下有情,勃然大怒,一气之下竟失手将婢女打死。最终东窗事发,被捕入狱。其间被一情人所救,后又被捉回去,被处以死刑。在狱中,鱼玄机的生活极为艰难,但她始终保持着一份诗人的尊严。鱼玄机在狱中持续创作诗词,表达自己对生命的反思和对命运的不公。她在生命的最后阶段

鱼玄机画像

鱼玄机

依然保持了对文学的热爱和对自身价值的坚持。最终,鱼玄机在狱中被判处死刑,年仅27岁。

　　鱼玄机的一生如同一场戏剧,成就了一个个动人的诗篇,她的才情与她的情感纠葛交织在一起,也书写了一段段凄美的故事。她用短暂的生命,留下了不朽的诗句。鱼玄机的诗歌充满了对人生的深刻思考和对命运的不屈抗争,她的作品不仅具有很高的文学价值,还具有重要的社会意义。她通过诗歌,展现了唐代女性在社会中的独特地位和作用,为后世的女性文学创作提供了宝贵的经验和启示。鱼玄机的才情与坚忍,爱情与执着,让她的名字在历史的长河中熠熠生辉。她的诗歌作品以其独特的风格和深厚的情感打动了无数读者,成为唐代女诗人的代表人物之一。

岁月流芳

　　唐女道鱼玄机字蕙兰,甚有才思。咸通中,为李忆补阙执箕帚,后爱衰,下山隶咸宜观为女道士。

——孙光宪《北梦琐言》

　　鱼玄机,字幼薇,聪慧有才思,尤工诗。

——皇甫枚《三水小牍》

　　鱼玄机诗才卓绝,情感真挚,乃唐代女诗人之翘楚。

——温庭筠《唐才子传》

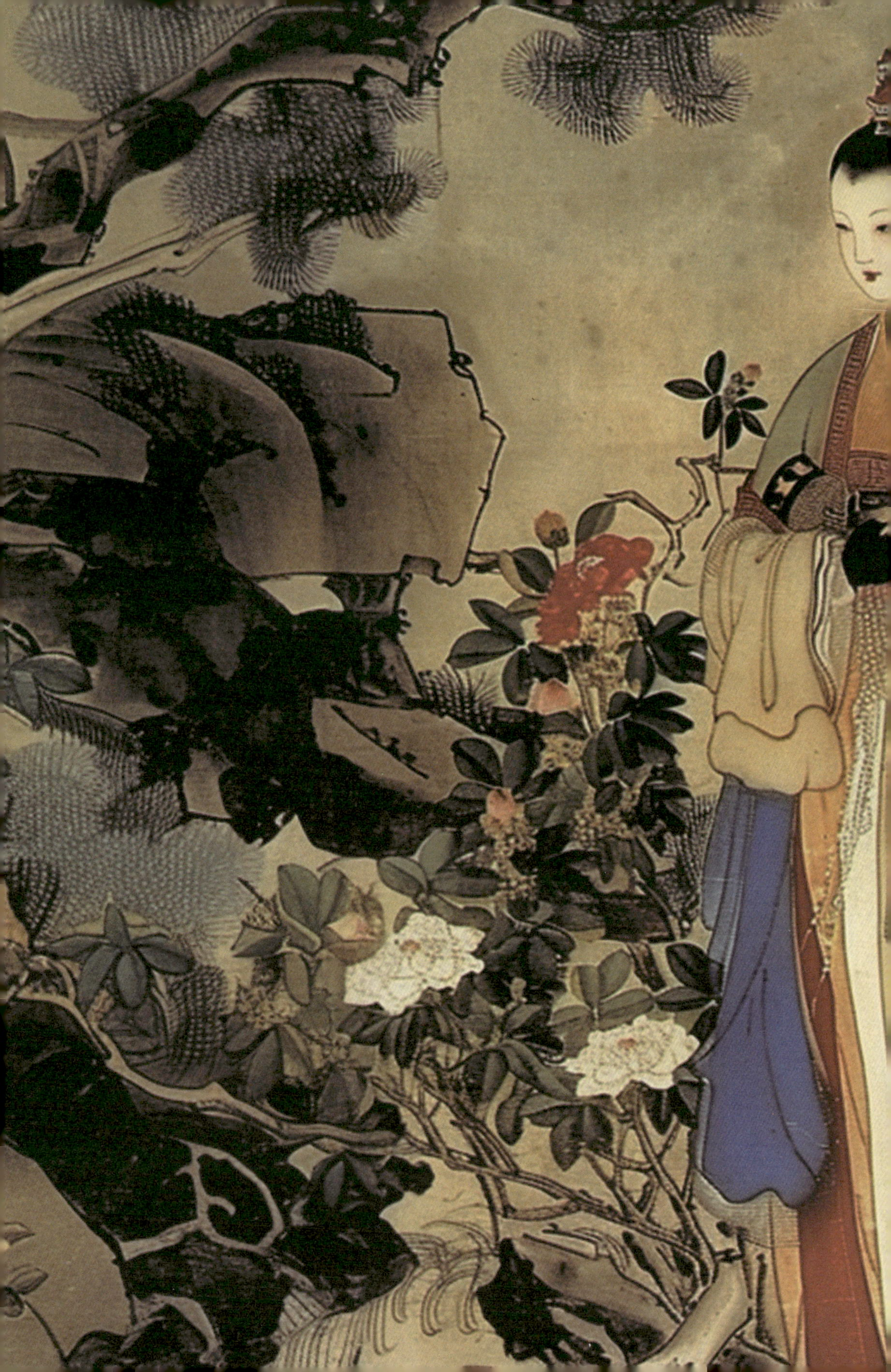

国色天香，宫词高手 —— 花蕊夫人

她以宫词著称，与柳永齐名

她用细腻的笔触展现乱世中的女性心境

她是五代时期文学史上一颗璀璨的明珠

灵秀初成

花蕊夫人,原名徐氏,生于五代十国时期的后蜀,是后蜀皇帝孟昶的宠妃。她不仅以美貌闻名,更以她出色的诗才在中国文学史上占据了一席之地。她的诗歌作品,尤其是《宫词》,细腻地刻画了宫廷生活,同时也蕴含了她内心的情感波澜。在亡国后的悲怆背景下,花蕊夫人的才情不仅未被历史湮没,反而更显出一种悲剧性的光辉。她的出生地位于如今的四川地区,这里自古以来就是文化积淀深厚的地方,诗书传家、礼仪崇尚的氛围使得徐氏自幼受到良好的教育。她的家庭虽不为历史所详载,但可以推测出她生长在一个富有文化气息的家庭中,书香门第的熏陶让她自小便对诗词产生了浓厚的兴趣。

五代十国时期,政治局势动荡,各地割据政权不断更替,这样的背景影响了国家的命运,也深刻影响了生活在这片土地上的人民的心境。花蕊夫人便在这样的时代背景下成长,她的文学创作自然也不可避免地带有浓重的时代印记。虽然她主要活动在宫廷之中,但她并没有因身处深宫而与外界隔绝,相反,她敏锐地感知着时代的变迁和国家的命运,这些感悟都融入了她的诗词创作中。

在她的作品中,我们可以看到花蕊夫人对当时社会的深刻观察和对国家命运的关切。她的作品不仅仅是对宫廷生活的描绘,更是对历史变迁的深情记录。她用女性独特的细腻笔触,将宫廷内外的悲欢离合、家国兴亡巧妙地融入诗词之中。这种既温婉又深刻的创作风格,使她在当时及后世的文坛上都占有一席之地。她的文学才华不仅得到了当时蜀地文人的赞赏,更为她赢得了后蜀皇帝孟昶的宠爱。徐氏被册封为花蕊夫人，成为后宫的宠妃，并开始在宫廷中创作出大量脍炙人口的词作，尤其以宫词最为著名。这些作品既是她在宫廷生活中的见闻记载，也是一位女性对自己处境和社会环境的深刻反思。

风韵逸事

花蕊园

为了博得花蕊夫人的欢心，孟昶特意在宫中为她修建了一座名为"花蕊园"的花园。这个花园不仅是宫廷中一处美丽的景观，更是花蕊夫人心灵的寄托之地。花蕊园中种满了各种奇花异草，花蕊夫人常常在此徘徊吟咏，将她的灵感倾注在诗歌创作中。

有一次，孟昶为了庆祝花蕊夫人创作的诗歌，他在花蕊园中举办了一场盛大的诗会，诗会、邀请了后蜀宫廷的文人雅士和各地才俊前来观赏。在这座花园中，花蕊夫人创作了大量的诗词作品，许多作品描绘了她在宫廷中的生活，以及她对爱情、人生的深刻思考。她的诗词作品以其细腻的情感和独特的视角，在后世文坛上留下了深远的影响。花蕊园不仅见证了花蕊夫人与孟昶之间深厚的感情，也记录了她作为一位才女，在文学创作中所达到的艺术高峰。花蕊园后来因后蜀的灭亡而荒废，但它作为花蕊夫人和孟昶爱情的象征，仍然在后世文人笔下被传颂。花蕊夫人以她在这座花园中的诗歌创作为世人所铭记，她的才情和美貌也因此在历史的长河中闪烁出璀璨的光芒。

芙蓉之城

花蕊夫人对花草特别钟爱，尤其是牡丹和红栀子花。孟昶为讨她欢心，曾下令宫内外大规模种植牡丹，并誓言要使成都的牡丹与洛阳的牡丹齐名，甚至超越之。于是，后蜀的宫廷中开辟了专门的"牡丹苑"，种植了大量的牡丹花，成为后蜀宫廷的一大景观。孟昶经常与花蕊夫人一起徘徊在牡丹苑中，赏花吟诗，度过了无数个美好的日子。红栀子花则更加特别，据传是道士申天师进献的稀世珍品，仅有两粒种子。

这种花开花时色斑鲜艳，花瓣呈六出状，清香扑鼻。由于这种花极其罕见，人们开始模仿其样式，将其画在团扇上，逐渐形成了一股时尚潮流。

花蕊夫人画像

因为红栀子花的样式与芙蓉花相似，成都城内外广种此花，远远望去，整个城市仿佛披上了一层锦绣，因此成都有了"芙蓉城"的美称。

芙蓉花的种植不仅是花蕊夫人和孟昶之间爱情的见证，也成了成都这座城市独特风貌的象征。历史上，成都作为"蓉城"享有盛名，这一称谓正是来源于后蜀时期花蕊夫人对芙蓉花的喜爱和孟昶为她种植的芙蓉花园。如今，"蓉城"这一别称仍然在使用，成了成都这座城市悠久历史和丰富文化的象征。

宫词传世

在进入宫廷之前，花蕊夫人便已经才女之名闻于当地。她的诗作多描写自然风光和闺阁情思，展现了她对生活细微之处的敏锐观察力。而进入宫廷之后，花蕊夫人的作品以描写宫廷生活为主，细腻而柔美。她对宫廷中花鸟虫鱼、节令变迁的描写，体现了她对自然的敏锐感知，也折射出了她对人生命运的细腻体察。这些作品虽然表面上看似在描绘宫中景象，但实际上却隐藏着她对人生无常、对政治局势的不安与忧虑。这种看似柔美的词风中蕴含着深刻的思想，使她的作品在当时便引起了广泛的关注。她以敏锐的观察力和深刻的感悟力，将乱世中的女性视角展现得淋漓尽致，也为后世留下了一份宝贵的文化遗产。

在成为孟昶的宠妃后，花蕊夫人开始创作大量的《宫词》。这些诗作细致入微地描绘了后蜀宫廷的日常生活和她自己内心的感受。她的《宫词》系列作品，约有一百余首，记录了宫中女子的生活情态、四时节令的变迁、宫中盛典的场景，以及她个人的情感起伏。在《宫词》之一中，花蕊夫人写道："翠翘金缕照半钗，犀簪银鞍冷如霜。昨夜太守来觐见，宣教马上舞霓裳。"这首诗描写了一位宫女在大典上舞蹈的情景。翠翘金缕的发饰、冷如霜的银鞍，这些细节刻画了宫廷中的奢华与冷寂，隐含着花蕊夫人对宫中女子命运的深深同情。这首诗在展现视觉美感的同时，也表达了她对表面繁华背后深藏的孤寂感的体察。另一首《宫词》则展示了宫廷节令中的独特风情:"春到长门春草绿,白头宫女望王孙。尘生玉辇空行处,辇上应无妾妆容。"在这首诗中,花蕊夫人通过描写春日里宫女对旧主的思念,表达了自己对孟昶深深的依恋。她将宫女的孤独和无奈通过自然景物的变化表现出来,赋予了诗歌更深层的情感内涵。

蕊夫人也深爱芙蓉花,她曾写道:"细雨春风花落时,芙蓉如面柳如眉。对此如何不泪垂,城中无人如意郎。"花蕊夫人将芙蓉花比作自己的容颜,以柳眉象征她的哀愁。芙蓉花盛开时的美丽与她内心的忧愁形成鲜明对比,这种情感的张力正是花蕊夫人诗作的一大特点。她将自然景物与个人情感紧密结合,使得她的诗歌不仅有视觉上的美感,更有情感上的深度。

花蕊夫人的才情不仅体现在她对宫廷生活的细腻描写上,更体现在她对女性命运的深刻理解和表达。她的诗作中充满了对人生无常的感慨,对女性在历史洪流中命运的思索。

"侍婢擎灯掩翠帘,太妃呼唤侍儿眠。宫中夜夜防秋雨,双凤莲灯冷影悬。"宫廷中夜晚的静谧与冷清,双凤莲灯的冷影象征着宫中女子内心的孤寂与凄凉。花蕊夫人通过这种细腻的描写,展现了她对宫中生活的深刻理解,以及她对女性命运的悲悯。此外,花蕊夫人的作品还常常以女性的视角出发,反映了她对爱情、婚姻和人生的独特见解。她的诗作不仅仅是宫廷生活的记录,更是她对自己人生经历的总结和反思。她将个人情感与历史事件结合在一起,使得她的作品具有强烈的时代感和历史意义。

后来,后蜀灭亡,花蕊夫人随孟昶一同被俘,押往北宋的都城开封。在宋太祖赵匡胤的宫廷中,花蕊夫人的境遇发生了巨大的变化。尽管赵匡胤被她的美貌和才情所震撼,但花蕊夫人始终保持着对孟昶的忠贞不渝。这种忠贞不仅体现在她对孟昶的思念上,也体现在她对后蜀亡国的悲痛与无奈之情。赵匡胤曾在大殿上询问花蕊夫人:"蜀中为何亡国?"花蕊夫人以一首七言绝句作答:"君王城上竖降旗,妾在深宫哪得知?十四万人齐解甲,更无一个是男儿。"

这首诗通过简洁的语言，表达了她对亡国的无奈和愤慨。她将责任归咎于当时后蜀将士的怯懦，感叹宫中女子无法阻止历史的巨变。这首诗不仅展现了她的文学才华，更体现了她在亡国后的尊严与自尊。作为一个身处亡国之痛的女性，花蕊夫人并未沉沦在悲伤中，而是通过诗歌表达了她的坚忍与悲怆。

花蕊夫人的这首诗被后人传颂不已，她的直言不讳和高贵品格也在历史上留下了深刻的印记。这首诗不仅展示了她的文学才华，更展现了她在国家大难临头时所表现出的尊严和勇气。尽管身为一介女流，但花蕊夫人的言辞无畏，足以令人感佩。在亡国之后，花蕊夫人所经历的种种苦难，以及她在逆境中依然保持的尊严，成为后世传颂的佳话。她的悲怆故事，和她的诗歌一样，成为中国文学史上无法磨灭的一部分。

岁月流芳

今日楼台浑不识，只余古木记宣华。

——苏泓月《宣华录：花蕊夫人宫词中的晚唐五代》

花蕊夫人作宫词，笔意缠绵，不仅流露出宫中女性的哀怨之情，亦见深挚之感。

——黄庭坚《黄庭坚集》

花蕊夫人之词，虽为宫闱之事，然其情辞婉转，妙不可言。

——沈括《梦溪笔谈》

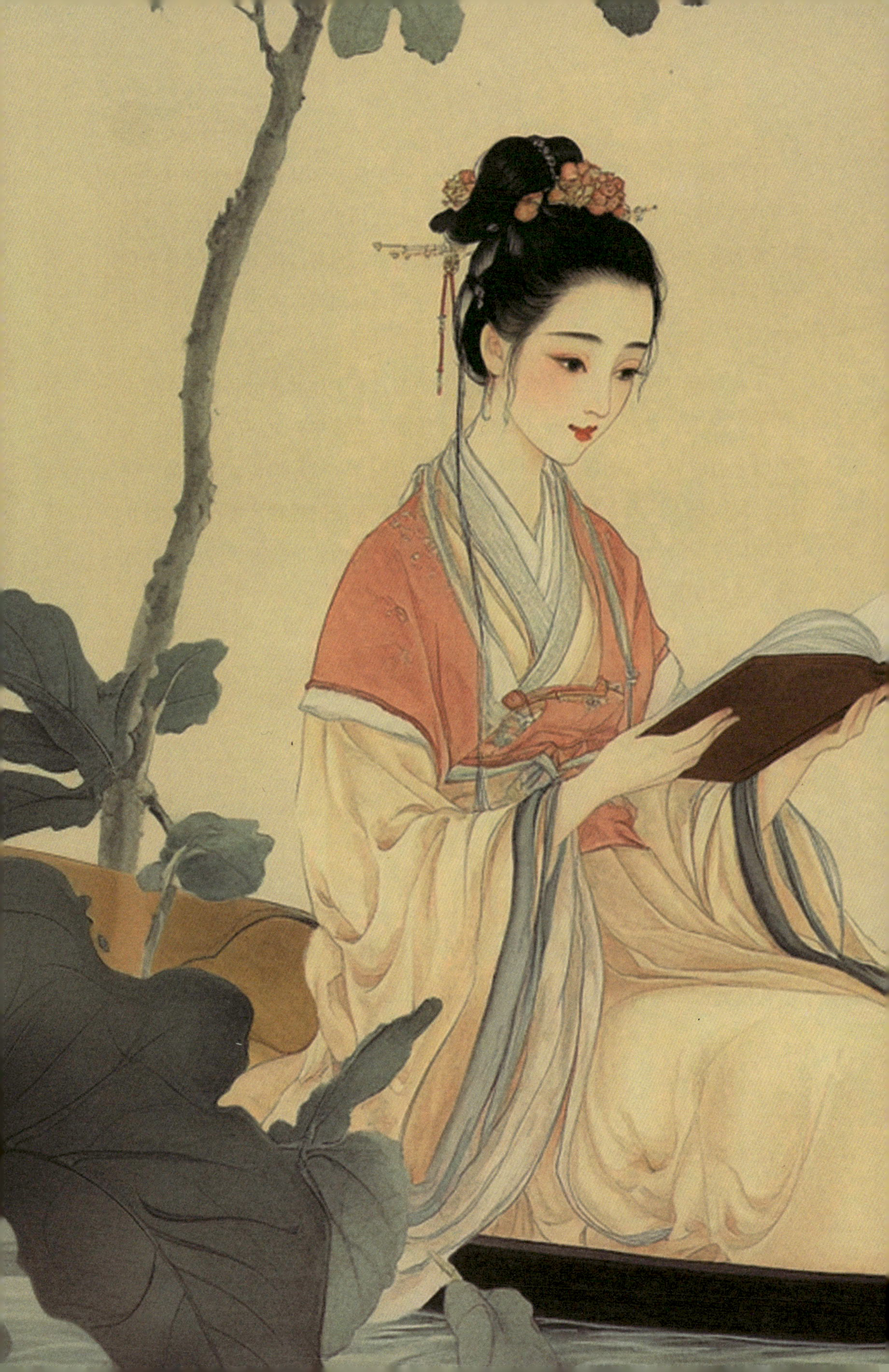

才高八斗，清新脱俗——李清照

她被誉为『千古第一才女』

她是宋代婉约派的代表词人

她还在生活中展现出卓越的文化修养和艺术才华

中国古代才女

灵秀初成

李清照(1084年-约1155年),号易安居士,是宋代著名的女词人,以其独特的才情和诗词作品,在中国文学史上留下了浓墨重彩的一笔。李清照出身于书香门第,父亲李格非是北宋著名学者,与苏轼、黄庭坚等文坛巨擘均有交往,母亲王氏亦是一位极具才情的女性,在文学修养上对李清照有着深远的影响。在这个富有文化气息的家庭环境里,李清照自幼便接受了良好的教育,精通诗词、书法、音乐等诸多艺术形式。

李清照的早期作品以清新灵动、活泼欢快的风格为主,常常描绘自然景色与生活中的细腻情感,展示出她对美好生活的热爱。例如,她在《如梦令·昨夜雨疏风骤》一词中,通过对春日景象的生动描绘,表达了她对自然美景的细腻感知和由此生发的情感变化。词中"知否,知否?应是绿肥红瘦"一句,以简洁而生动的语言勾勒出雨后春天的景象,细腻地表现了春日的生机与感伤。这种细腻的情感表达,是李清照早期作品的重要特征,也是她文学天赋的集中体现。

此外,在李清照的《点绛唇·蹴罢秋千》中,她描绘了女子在春日的轻松与欢愉,词中"蹴罢秋千,起来慵整纤纤手"一句,将女子在嬉戏后的慵懒和对美好时光的留恋表现得淋漓尽致。李清照以她独特的女性视角,将生活中的细节与情感通过诗词展现出来,不仅表现了她对生活的深刻理解,也展示了她作为女性在面对生活时的独特感受。李清照早期作品另一特点就是她对细腻情感的捕捉与表达。例如,她在《如梦令》中表达了对自然景色的热爱与留恋,在《点绛唇》中则展示了她对美好时光的珍惜与享受。这些作品不仅表现了她在艺术上的造诣，也体现了她内心世界的丰富与细腻。在那个男权社会中，李清照作为女性，能够以如此细腻而独特的方式展现出她的才情，这不仅显示了她作为一位卓越词人的才华，也让她成为中国文学史上独具特色的女词人。

李清照在青年时期的文学创作中，虽以轻松愉快的情为主，但她对生活的观察与感知已然展现出与众不同的深度。这种早期的文学积累，使得她在后来的文学创作中能够更加自如地表达内心的感受，尤其是在面对人生的变故与痛苦时，她的诗词作品中更是充满了深沉的情感与哲理。

风韵逸事

斗茶大会展才情

宋代是一个崇尚文化和艺术的时代，其中"斗茶"是一项极具代表性的文化活动。这种活动不仅考验茶客的品茶技巧，还考察他们对茶文化的深刻理解和对茶叶品质的鉴别能力。李清照虽以文才著称，但她对茶道也有着深入的研究。

在一次高规格的斗茶大会上，李清照应邀出席，面对一众男性茶客，她毫不畏惧。当时，斗茶需要从选茶、煮茶、点茶、品茶等多个环节中展现综合能力。李清照以她独特的手法，在选茶上就展示了高超的辨别能力，选用了当时最优质的建茶。煮茶时，她掌握了火候的微妙变化，使得茶汤色泽清雅，香气馥郁。

然而，最为出彩的环节是品茶。茶客们纷纷品尝由她调配的茶汤，纷纷感叹其滋味的醇厚与回甘的悠长。李清照不仅以技艺取胜,更是通过她对茶文化的深刻理解,展现了她在文学之外的多才多艺。最终,她在斗茶大会上拔得头筹,赢得了在场所有人的敬佩。这一趣事不仅展现了她的茶道才华,更反映出她在文人圈中从容自信的风采。

因诗输酒遭戏弄

李清照与赵明诚的婚姻不仅建立在深厚的感情基础上,也充满了文雅的趣味。两人常常一起作诗填词,互相切磋,一起探讨文学。在他们的诗词生活中,有一件趣事特别值得一提。

李清照画像

李清照

有一次，赵明诚与李清照在书房中闲谈，兴之所至，赵明诚提议与李清照比试作诗。他心生一计，想考验一下妻子的应变能力，便提出一个特别难用的字"茴"，要求李清照在诗中使用这个字，并规定输者要饮酒三杯。"茴"字极为生僻，难以入诗。然而，李清照并不慌乱，稍加思索后便挥笔作诗，迅速写出了两句。

待赵明诚仔细查看后，发现李清照的诗中仅用了一个"茴"字，而非两个。他不由得得意起来，笑着提醒李清照这个疏漏，并戏谑地递上三杯酒给她。李清照虽感无奈，却也承认失误，痛快地喝下了三杯酒。然而，李清照并非轻易认输之人。

她回到书桌前，又继续思考了一会儿，随后又作了一首词，将第二个"茴"字巧妙地嵌入其中。

通过这次较量，夫妻二人之间的趣味互动不仅增进了感情，也展示了李清照不服输的个性和创作的灵活性。

巧解"半死半生"诗题

李清照不仅在文学创作中有着深厚的积淀，还常常在生活中展现出机智和幽默的一面。有一次，她与丈夫赵明诚在家中组织了一场别开生面的诗词会，邀请了众多文人雅士前来助兴。

为了增加诗会的趣味性，赵明诚特别设计了一道题目："半死半生"，要求每位参与者以此为题创作诗词。

"半死半生"这一题目看似简单，却蕴含深意。诗人们纷纷苦思冥想，但多数人都难以写出满意的作品。轮到李清照时，她沉思片刻，随即脱口而出一首词："红藕香残玉簟秋，轻解罗裳，独上兰舟。云中谁寄锦书来？雁字回时，月满西楼。花自飘零水自流。一种相思，两处闲愁。此情无计可消

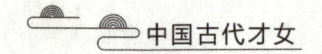

除，才下眉头，却上心头。"

这首词不仅完美地契合了"半死半生"的题目，还展现了李清照对生活和情感的细腻洞察。她通过"花自飘零水自流"的自然景象，暗示了半死半生的境况，既表现了花朵凋零的悲凉，也体现了流水无情的流逝。这一创作不仅在场文人叹服，也让李清照在文学史上留下了更加深刻的印记。

才上心头

与丈夫赵明诚的爱情是李清照人生中最为重要的时期。赵明诚是宋代著名的金石学家，两人因志趣相投而结缘，婚后过着琴瑟和谐的生活。李清照与赵明诚的感情深厚，夫妻二人共同度过了许多美好的时光，他们共同致力于金石书画的收藏与研究，李清照的诗词创作在这一时期也达到了一个新的高度。

李清照的诗词常常通过对日常生活细节的描写表达了她对爱情的深沉眷恋，比如她在《一剪梅·红藕香残玉簟秋》中写道："才下眉头，却上心头"，正是对他们感情的真实写照。这种情感并不是热烈如火，而是如涓涓细流，温润而绵长。

靖康之变后，北宋灭亡，李清照与赵明诚的生活被彻底打破。他们南渡江南，生活变得艰难且充满了不确定性。在这段艰苦的岁月里，李清照的词风也发生了变化，作品更加深沉和凄婉。她的《武陵春·风住尘香花已尽》通过描写自然景物的凋零，表达了她对故土的思念和对现状的无奈。南渡期间，赵明诚因病去世，李清照陷入了极度的悲痛。她不仅失去了丈夫，也失去了生活的重心和精神的支柱。李清照在《声声慢·寻寻觅觅》中写道：

"凄凄惨惨戚戚"，这不仅是她当时心境的真实写照，也是她一生中最为痛苦的时刻之一。

赵明诚去世后，李清照独自一人面对晚年的孤独与困苦。她没有因此而消沉，而是以坚忍的态度面对生活的艰难。李清照的作品在这一时期依然保持着高水平的创作，她以诗词表达了自己对生活的反思和对命运的抗争。她晚年的生活充满了动荡和不安，但她始终保持着内心的坚定与从容。她在《金石录后序》中写道："生当作人杰，死亦为鬼雄"，这是她对自己一生的总结，也是对命运的无畏挑战。

关于诗词，李清照常常具有自己独到的见解。她在《词论》中提出的"词别是一家"观点，对后世的词学研究产生了深远的影响。她强调词应该表现人的内心情感，而不仅仅是模仿诗的形式，这种见解在当时具有开创性意义。

李清照的作品也以抒情为主，她擅长通过细腻的笔触描绘日常生活中的细微感受，以此来表达自己对人生、爱情、家国的深刻理解，她的作品《如梦令》《醉花阴》《声声慢》等至今被认为是宋词中的瑰宝。李清照的诗词语言精练，情感真挚，常常以小见大，通过对生活细节的描写，表现出深刻的哲理与人生智慧。

在《如梦令·昨夜雨疏风骤》中，李清照通过对自然景物的描写，表现出她内心的欢愉与对生活的热爱。

她的词句清新、自然，充满了女性特有的细腻与柔情。而在《声声慢·寻寻觅觅》中，李清照则通过对心境的细腻刻画，表达了她对人生无常的深刻感悟。

与此同时，李清照的作品具有很高的艺术性。她善于运用比喻、拟人等修辞手法，使她的作品具有鲜明的艺术感染力。例如，她在《一剪梅》中写道："此情无计可消除，才下眉头，却上心头"，将思念之情形象地表达出来，令人读后难以忘怀。

此外，李清照还精通书法、音乐、绘画等艺术形式，她的艺术修养极高，这使得她的诗词作品不仅在文学性上出类拔萃，在艺术性上也达到了极高的境界。

李清照的诗词作品不仅在她的时代引起了广泛关注，也在后世产生了深远的影响。

她被誉为"千古第一才女"，她的诗词被誉为宋词的巅峰之一。李清照的诗词不仅在中国文学史上占有重要地位，也成为研究宋词、女性文学的重要对象。

李清照以其独特的才情与艺术成就，为中国文学史增添了一抹亮丽的色彩。李清照的词作中所表达的女性视角与情感，成为后世女性文学创作的典范。

她以细腻的笔触和真挚的情感，表现了女性在爱情、婚姻、家庭中的复杂心理与情感体验，为后世的女性文学创作提供了宝贵的范本。李清照的作品在中国文学史上占据了重要地位，她以其独特的才华与深刻的文学见解，成为宋代词坛上一颗璀璨的明星。

岁月流芳

本朝妇人能文者，惟魏夫人及李易安二人而已。

——朱熹《宋史》

宋人中填词李易安亦称冠绝。

——杨慎《词品》

李清照

予少时和唐宋词三百阕,独不敢次"寻寻觅觅"一篇,恐为妇人所笑。

——沈曾植《东江集钞》

李清照是宋代最伟大的一位女诗人,也是中国文学史上最伟大的一位女诗人。

——郑振铎《李清照集》

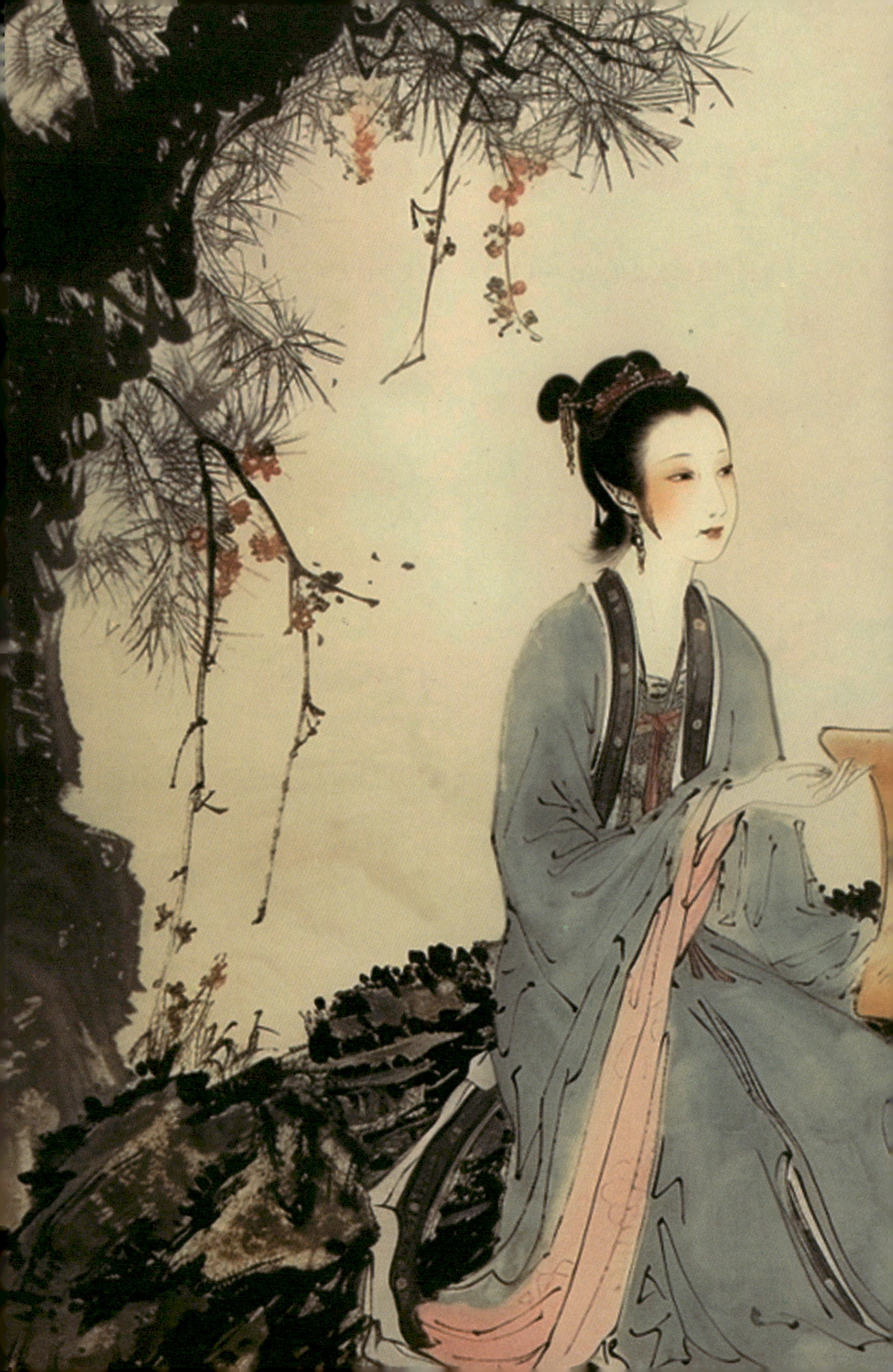

笔绘多情，才华馥郁 ——朱淑真

她是与李清照齐名的才女

她是唐宋以来留存作品最丰富的女作家之一

她是南宋时期婉约派代表女词人，被称为『红艳诗人』

灵秀初成

"华夏民族之文化造极于赵宋之世。"由于宋代文化昌盛,文人墨客辈出,在唐宋八大家中宋代就占了六位,可见后世对宋代文人的推崇。而宋代除了苏轼、王安石、欧阳修等大家之外,也出现了许多才华横溢的奇女子,最出名的莫过于泼墨挥毫便是华美篇章的李清照,却不知还有一位奇女子,却鲜少被传诵,她就是宋代四大才女之———朱淑真。

朱淑真(约1135年—约1180年),号幽栖居士,钱塘(今浙江省杭州市)人,祖籍歙州(治今安徽歙县)。世人只知李清照,却不识得朱淑真。朱淑真出身于一个仕宦家庭,家庭背景深厚。由于家庭的优越环境和文化氛围,使得她在诗词、书法和绘画方面都有着很高的造诣。

朱淑真自小才华横溢。自幼聪慧,酷爱诗词。她的父亲是当地有名的学者,对她寄予厚望。哥嫂对她也无比钟爱,自小精心教养她,教她诗词典籍,传授她琴棋书画。在十岁时,朱淑真就展现出非凡的文学才华,文采出众,诗词过目不忘,十四岁时已能出口成章,名噪一时。她的家中藏书丰富,她在父亲的指导下,潜心研读,诗词水平日益精进。她的家中有前堂后室,东厢西阁,居于一座优美的滨水园林别墅,这里便成了她诗书翰墨的乐园。在无忧无虑的环境中成长,朱淑真度过了一个快乐的童年。她常常在园中读书,"水风凉处读诗书",吟诵"窈窕之章",欣赏"大江东去";或者在闺阁中独自凭栏,面对四时不同的美景,挥洒才情,写下一首首动人的诗词。

等到朱淑真长到十三四岁时,她已出落得亭亭玉立、肤白貌美,加上她才华过人,她的早期诗作清新动人,十分唯美,比如《探梅》诗写道:"温

朱淑真

温天气似春和，试探寒梅已满坡。笔折一支插云鬓，问人潇洒似谁吗？"潇洒似谁？早期的朱淑贞满怀希望，在无数的笔墨纸砚中，我们看到了她的潇洒与自由。

朱淑真兴致来时，她写下《初夏》："竹摇清影罩幽窗，两两时禽噪夕阳。谢却海棠飞尽絮，困人天气日初长。"这首诗细腻描绘了初夏园中的景色：幽窗竹影、时禽鸣叫、海棠花谢、柳絮飞尽、夏日初长，同时也传达了她困倦无聊的心情。这首诗以其幽寂清新的风格，入选《千家诗》，广为传诵，成为传世佳作。

朱淑真画像

同时，《蝶恋花·送春》也同样颇受瞩目。她在这首词中描写了欢快明丽的春景，充满了青春的活力，并抒发了对春天即将离去的惜别之情。词尾的"把酒送春春不语，黄昏却下潇潇雨"成为经典名句。潇潇的雨声，是春天匆匆离去的脚步声，还是她伤感时流下的眼泪？她"把酒送春"时，心中是舍还是不舍？这些诗词同样耐人寻味。通过她写的诗词，我们仿佛看到了一个天真烂漫、才华横溢的少女形象跃然纸上，生动鲜活。

这时的朱淑真，对未来怀着美好的幻想，她总在凭栏处幻想着爱情，她在《秋日偶成》诗中写道"初合双鬟学画眉，未知心事属阿谁。待将满抱中秋月，吩咐萧郎万首诗。"她渴望爱情，渴望有人牵住她的手，落英缤纷，蝶舞成群，她在无限的诗歌中开始幻想自己甜蜜的未来，她在试图找到自己的"萧郎"。侍女配才郎，是朱淑真的爱情理想。她想着，自己的意中人必定是与她志趣相投、才华横溢、能够和她产生精神共鸣的灵魂伴侣。

风韵逸事

《不打》诗

一天,朱淑真的父亲骑着毛驴进城买东西,不巧在集市上被吵闹的声音吓到了。受惊的毛驴失控乱窜,撞倒了一位官老爷。官老爷大怒,命人将毛驴牵走充公,并把朱淑真的父亲押到衙门,要打他板子。朱淑真得知父亲遇险,心急如焚,立即赶到城里为父亲求情。

听说朱淑真是个才女,这位官老爷想借机考考她,看看她是否真的如传闻所说那样聪明过人、文思敏捷。于是,他对朱淑真说:"听说你才华出众,能作诗。今天我出题考你一首诗,如果你答对了,我就放了你父亲,还驴子。但是如果答不出,那就连你一起罚。"朱淑真沉着冷静,微笑应对:"请官老爷出题吧。"

官老爷稍加思索,认真说道:"你以'夜'为题作一首诗,每句都要包含'不打'的意思,但诗句里不能出现'打'字。作出来我就放了你父亲。"朱淑真略做思考,便当堂吟诵出一首诗:"月移西楼更鼓罢,夫收渔网转回家。雨过天晴不需伞,铁匠熄炉正喝茶。樵夫担柴早下山,飞蛾团团绕灯花。院中秋千已停歇,油郎改行谋生涯。毛驴受惊碰尊驾,乞望老爷饶恕他。"

这首《不打》诗全篇无一"打"字,但每句都含有"不打"的意思。官老爷一听,不禁拍案称绝,立即传令释放了朱淑真的父亲,并归还了毛驴。句句没有"打",句句巧妙藏有"不打"。"月移西楼更鼓罢":入夜,月亮西移,更鼓声停下,这是打更人不打;"夫收渔网转回家":渔夫收网回家，这是渔夫不打鱼；"雨过天晴不需伞"：雨停了，不再需要伞，这是伞匠不打伞；"铁匠熄炉正喝茶"：铁匠熄火喝茶，这是铁匠不打铁；"樵夫担柴早下山"：樵夫收工下山，这是樵夫不打柴；"飞蛾团团绕灯花"：蛾蝶围着灯飞舞，这是蛾子不打茧；"院中秋千已停歇"：秋千停下无人荡，这是不打秋千；"油郎改行谋生涯"：卖油郎改行不再卖油，这是不打油；"毛驴受惊碰尊驾"：毛驴惊扰了官老爷，希望老爷不打，这是最后一个不打。

朱淑真不仅巧妙地满足了官老爷的考题，还描绘了一幅生动的夜生活画卷，显示了她过人的才智和敏捷的思维。官老爷为她的才华所折服，不仅释放了她的父亲，还归还了毛驴。

愁肠百结

少年时代的无忧无虑，让朱淑真在诗中时常怀念，可快乐的时光总是短暂的。理想与现实的差距越来越大，古时女子幸福在于父母之命媒妁之言。很快，朱淑真到了谈婚论嫁的年龄，父亲为她选择了一位官吏作为夫婿，19岁的朱淑真无奈只得嫁过去。"早岁不幸，父母失审，不能择伉俪，乃嫁市井民为妻"。她的无奈只得流露于黑白墨水间。

初嫁为人妇时，朱淑真对婚姻生活充满着期待。起初，她写过不少诗词，劝勉丈夫，希望他心怀大志，希望他能成就一番事业，有朝一日能出人头地。可是，随着时间的推移，朱淑真发现丈夫虽实诚，但胸无大志，热衷于投机奉迎，时常表现出一副势利小人的嘴脸。尽管朱淑真多次写诗劝勉他，但毫无效果。

渐渐地，朱淑真将自己对丈夫的不满写在了诗中，"从宦东西不自由，亲帏千里泪长流。已无鸿雁传家信，更被杜鹃追客愁。"丈夫所追求的仕途生活与自己所喜爱的诗歌趣味大相径庭。对于父母的不满，朱淑真在《愁怀》里这样抱怨："鸥鹭鸳鸯作一池，须知羽翼不相宜。东君不与花为主，何似何生连理枝"。她向往的"萧郎"应是才情具备，懂诗爱诗的人，可丈夫却与她的理想相去甚远。她指责父母未能为她选择合适的伴侣，把美丽的鸳鸯嫁给了灰扑扑的野鸭子。她宁愿不结婚，也不愿意与不懂她的人生活在一起。

朱淑真在《舟行即事》一诗中，表达自己的惆怅与自怜："山光水色随地改，共谁剪裁入新诗？"她写《自责》诗时，又自责自己："女子弄文诚可罪，那堪咏月更吟风？磨穿铁砚非吾事，绣折金针却有功。"她为自己的文采感到无奈，但也明白，这并不是她的错。

朱淑真心灰意冷，打算与丈夫分离，她写《黄花》自喻："宁可抱香枝上老，不随黄叶舞秋风。"她决心摆脱那种无爱的婚姻生活，所以朱淑真只身回到了浙江钱塘江的娘家。年复一年，朱淑真始终不见丈夫的踪影。她也逐渐接受了现实，此间，"山亭水榭秋方半，凤帏寂寞无人伴。愁闷一番新，双蛾只旧颦。起来临绣户，时有疏萤度。我谢月相怜，今宵不忍圆""秋雨沉沉滴夜长，梦难成处转凄凉。芭蕉叶上梧桐里，点点声声有断肠"等一首又一首断肠的诗句从她的笔下写出来。

朱淑真不断在现实和幻想中徘徊，她的丈夫对她的才情毫无理解，更无法给予她心灵的慰藉。婚姻的琐碎和现实的冷酷，使她心灰意冷，深感孤独。在那样一个男尊女卑的时代，朱淑真作为女性的身份，使她无法摆脱家庭的束缚。她只能在夜深人静时，对着皎洁的月光，吟诵自己内心的愁苦与孤独。她的词作《断肠词》便是在这样的情境下创作而成，词中充满了对爱情的渴望和对现实的无奈。晚年的朱淑真，词作愈发深沉，充满了对人生的思索和对命运的无奈。她的每一首词中，都流露出一份对生活的悲叹和对未来的迷茫。她用诗词记录了自己心灵的每一道伤痕，展现了她内心深处的痛苦和绝望。

朱淑真

南宋淳熙七年,一个清冷的夜晚,悲愤欲绝的朱淑真走到湖边。她站在湖畔,看着滚滚而逝的水流,内心充满了无尽的悲伤和绝望。她仰天长叹,任泪水模糊了双眼。最终,她纵身一跃,沉入冰冷的湖水中,结束了自己短暂而苦难的一生,享年 45 岁。朱淑真离开后,她的父母认为是女儿的才情葬送了她的生命。因此,他们将朱淑真的所有诗作付之一炬,希望她在来世能少一些聪慧,多一分平凡,过上安稳幸福的生活。他们祈愿,来生的朱淑真不再为才情所累,而能享受一个普通女子的平凡幸福。

朱淑真的作品多描写闺中女子的思念、哀怨和对自由爱情的向往。她的词不仅在当时备受欢迎,更在后世被誉为女性词人的典范。她的作品不仅仅是个人情感的抒发,更是那个时代众多女性心声的代表朱淑真的一生充满了才情与悲怆。她用自己的词作,表达了对自由爱情的渴望和对封建礼教的抗争。她的故事和作品,至今仍然感动着无数读者。她不仅是一位卓越的词人,更是一位勇敢追求自我和幸福的女性。她的名字和作品,将永远在中国文学史上熠熠生辉。

岁月流芳

尝闻擒辞丽句,固非女子之事;间有天姿秀发,性灵钟慧,出言吐句,有奇男子之所不如。

——魏仲恭《断肠诗集序》

朱淑真《元夕·生查子》云云,词则佳矣,岂良人家妇女所宜邪?

——杨慎《升庵诗话》

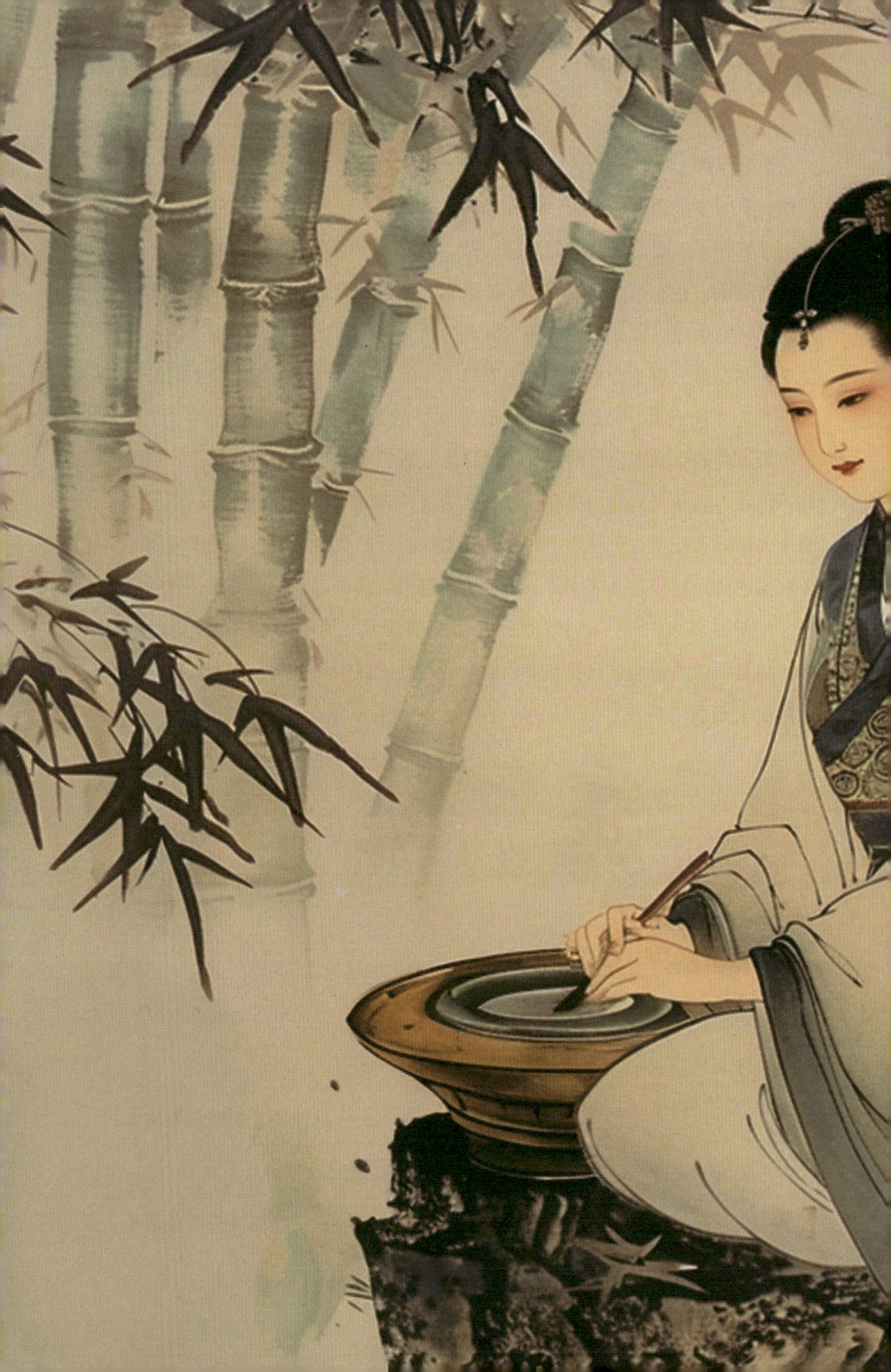

才华横溢，书画双绝 ——管道升

她是墨竹画的开创者

她与赵孟頫并称『书画双璧』

她是美貌与才华并存的元代著名书画家

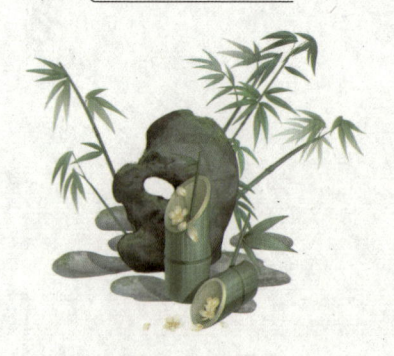

灵秀初成

管道升（1262年—1319年），字仲姬，元代著名的女书画家，因其书画双绝而广为人知。自幼聪慧，能诗善画，嫁赵孟頫，册封魏国夫人。管道升出身于一个富有文化底蕴的家庭，其父亲为南宋末年的文学家，这使得她自幼便受到良好的家庭教育，尤以诗文书画为最。在家庭的影响下，管道升自幼对书画产生浓厚兴趣。

她的父亲虽然是士族，但由于元朝的制度，他并未从事官职，而是隐居在家，专注于学问和艺术创作。

在这样的家庭氛围中，管道升得以潜心研习书画，并逐渐形成了自己独特的艺术风格。她在书法上尤以楷书、行书见长，字体清秀飘逸，气韵生动；而她的绘画则以工笔花卉、山水见长，线条细腻流畅，充满了女性的柔美和力量。

元代是一个文化融合的时代，管道升成长于南宋灭亡后的动荡时期，经历了从南宋到元朝的政权更替。这一时期，社会环境复杂，政治、文化、经济等各方面都在快速变化。元代实行较为宽松的文化政策，使得汉族文化与蒙古族文化相互融合。这样的背景下，管道升的艺术作品不仅继承了汉族传统文化的精髓，也受到元代多元文化的影响，这为她的书画创作提供了丰富的灵感来源。

管道升

风韵逸事

题壁诗

一次家庭聚会上，管道升的父亲邀请了一位著名的书画家前来做客。席间，书画家展示了一幅题为《秋江钓艇图》的画作。这幅画描绘了秋天的江面上一艘小船，垂钓者悠闲地坐在船上，四周的景致清新淡雅，充满了宁静的氛围。

画作一展出，便赢得了在场宾客的称赞，大家纷纷感叹画家的技艺高超，画中的意境深远而悠长。然而，年轻的管道升却沉默不语，似乎在仔细思索着什么。

片刻后，她走到画作前，轻轻提笔，在画旁题了一首诗："秋江一钓舟，万顷寒光彻。岸柳参差树，渔歌不断绝。"这首诗寥寥数语，却精准地捕捉到了画作的神韵，诗中的"万顷寒光"和"渔歌不断"将画中秋日江上的幽静与生机描绘得淋漓尽致。

诗句不仅与画作意境完美契合，更为画作增添了诗情画意的美感。书画家见到管道升的题诗后，大为惊叹。一个年轻女子竟能如此迅速地以诗回应画作，而且诗中所展现的才情与画作相得益彰，这让他对管道升的才华刮目相看。诗句不仅展现了她卓越的文采，更体现了她对绘画意境的深刻理解。在场的其他宾客也纷纷称赞管道升的才情，并惊叹她年纪轻轻就能写出如此贴合画意的诗篇。

比试夺魁

有一次,管道升与赵孟頫决定以"兰竹图"为题各自创作一幅画,并邀请家中宾客共同品评。赵孟頫的兰竹图中,竹子的笔触刚劲有力,线条笔直如剑,展现出一种阳刚之气。而兰花则以墨色渲染,花朵清晰,气势雄浑,整幅画作充满了力量和气势。

赵孟頫一向以他的强劲风格著称,这次的作品依然延续了他一贯的风格,画中的兰竹形态逼真,充满了生命力。与之相比,管道升的兰竹图则显得柔美淡雅。她以细腻的笔触描绘出竹子的轻盈姿态,竹叶在风中轻轻摇曳,仿佛能闻到一缕竹香。兰花则以淡墨轻描,花朵玲珑剔透,散发出幽香。她的画风更加注重表现竹子的柔美与兰花的幽雅,整幅画作充满了"阴柔之美"。

当两幅作品并列展示时,观者无不为之惊叹。赵孟頫的画作强劲有力,充满了男性的阳刚之气,而管道升的画作则轻盈灵动,展现出女性的柔美。尽管风格截然不同,但管道升的作品在细腻与灵气上更胜一筹,她将兰竹的清新与幽雅表现得淋漓尽致,赢得了观者的一致称赞。这次比试中,管道升的作品被认为是"阴柔之美"的极致,她的细腻笔触和对兰竹的独特理解使得她的作品脱颖而出,赢得了这场比试的胜利。

墨竹图

一个深秋的傍晚,管道升独自一人在庭院中漫步,庭中的竹子在秋风中轻轻摇曳。她停下脚步,凝视着这些竹子,仿佛看到了竹子的内在精神。她感慨道:"竹者,君子也,其节傲霜,其志坚贞,吾甚爱之。"竹子的挺拔和坚忍让她深深感动，竹子的节气如同她心中追求的那种坚贞不屈的精神。回到书房后，管道升心有所感，提笔挥毫，创作了这幅传世之作《墨竹图》。

同生一个衾

赵孟頫在官位上渐渐得志后，萌生了纳妾的想法，虽然在当时这是一件很普遍的事情，但他的妻子管道升对此并不完全同意。为了表达自己的想法，赵孟頫用一首小词婉转地传达了想要纳妾的意图，理由是想减轻管道升的负担，让她享受作为正妻的尊荣。

管道升画像

管道升看到丈夫的消息后，内心虽有不满，但她选择用一种独特而含蓄的方式回应。与普通人不同，她写了一首小词，表现了她与赵孟頫之间深厚的感情，字里行间表达了对他们婚姻不可分割的决心。"你侬我侬，忒煞情多，情多处，热如火！把一块泥，捻一个你，塑一个我。将咱两个，一起打破，用水调和，再捻一个你，再塑一个我。我泥中有你，你泥中有我，与你同生一个衾，死同一个椁。"管道升以"你中有我，我中有你"的比喻，强调了夫妻之间的相互依赖与难以割舍的情感，成功地让赵孟頫打消了纳妾的念头。

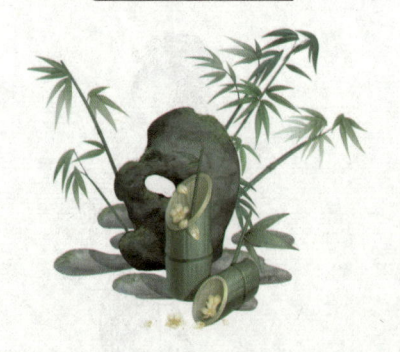

成竹在胸

管道升的绘画风格以清新淡雅、细腻生动著称。她尤其擅长工笔花卉，作品中常常表现出她对自然的热爱和对生活的深刻体悟。她的代表作《墨竹图》便是其中的典范之作。此画在构图上匠心独运，更在意境上达到了极高的境界。

竹子的形态、节气与精神，均在画中得到了淋漓尽致的表现。管道升通过描绘竹子的形象，抒发了自己对生命和人性的深刻理解。竹子在中国文化中一直被视为正直、坚韧和谦逊的象征，其"未出土时先有节，及凌云处尚虚心"的品质尤其令人钦佩。这些特质与管道升的个性以及她所追求的精神境界十分契合。

在创作《墨竹图》的过程中，管道升选择用墨竹这一题材来表达她对竹子坚贞气节的敬仰。

她以熟练的笔法勾勒出竹子的各种姿态：有的挺拔如刀锋，直指苍穹；有的轻盈如柳，柔中带刚。

竹叶在风中轻轻摇曳，仿佛在低声诉说着它们历经风霜却依然坚忍的生命故事。这幅作品展现了管道升对竹子形态的深刻把握，也流露出她对人生的思考和追求。她通过对竹子形象的描绘，寄托了自己对高尚人格的向往，同时也表达了她内心深处的情感共鸣。竹子的挺拔和坚忍象征着她对生活中挫折和挑战的从容应对，而竹叶的轻盈则反映了她在面对困难时的柔韧与包容。

《墨竹图》完成后，受到了广泛的赞誉。这幅画在艺术上具有极高的价值，也因为其蕴含的深刻内涵而被人们所珍视。管道升以女性独特的视角和笔触，将竹子的刚与柔完美地结合在一起，使得这幅画作在当时和后世都得到了极高的评价。

这幅画作也成了管道升"竹画"创作的代表作之一，被后世誉为"妙笔生花"的经典之作。

通过这幅作品，管道升不仅展示了自己在书画艺术上的高超造诣，更展现了她作为一位女性艺术家的独立精神和非凡才情。

她的《墨竹图》不仅仅是一幅画作，更是她心灵世界的一部分，反映了她对竹子那种超越物质的精神崇拜，也让人们看到了一个坚强而又柔美的绝美灵魂。

《墨竹画卷》局部

除了《墨竹图》外，管道升还创作了大量的花卉画作，如《秋荷图》《梅花图》等。这些作品无不透露出她细腻的观察力和对生活的热爱。她的画风清新脱俗，线条流畅，色彩淡雅，充满了女性特有的柔美与优雅。她不仅是元代画坛上的一位重要女性画家，也是中国绘画史上极具影响力的艺术家。

管道升的艺术成就与她的个人经历密不可分。她在婚姻生活中与赵孟頫相互支持，共同进步。两人常常切磋书画技艺，彼此激励，形成了独特的"夫妻画风"。在赵孟頫的影响下，管道升的艺术风格更加成熟，她的书法更加工整，绘画更加细腻。

自进入仕途后，赵孟頫便沉迷于追求荣华富贵和高官厚禄，但与丈夫赵孟頫不同，管道升更加向往清闲隐逸的生活，这种生活方式更符合文人的理想。

她多次劝说丈夫辞官归隐，希望两人能回到故乡吴兴，悠然自得地生活在山水之间。为了表达这种归隐的愿望，管道升创作了四首《渔父词》。

这些词作以江湖隐士的生活为主题，表现了她对名利的淡泊和对自然生活的向往。"南望吴兴路四千，几时回去雪水边。名与利，付于天，笑把鱼竺竿上画船"；"遥想山堂数树梅，凌寒玉蕊发南枝。山月照，晓风吹，只为清香苦欲归"；"身在燕山近帝居，归心日夜忆东吴。斟美酒，脍新鱼，除却清闲总不如"；"人生贵极是王侯，浮利浮名不自由。争得似，一扁舟，弄月吟风归去休"。这些词句透露出她内心对清闲生活的向往，以及对夫妇二人一同回归故里的渴望。

通过这些词作，管道升向赵孟頫传达了她对淡泊名利的追求，展现了她独特的生活理想和内心世界。她希望能与丈夫一同远离官场，回到简单的田园生活中，过上无忧无虑的日子。晚年的管道升在艺术创作上达到了一个新的高度。她的作品越来越注重意境的表达，更加追求内心的宁静与平和。她的晚期作品如《荷花图》，描绘的荷花洁白无瑕，静静地伫立在池塘中，仿佛在诉说着她内心的平和与宁静。这幅作品在技法上达到了炉火纯青的地步，更在意境上表现出她对生活的深刻理解与感悟。

管道升的一生充满了艺术的追求与探索。她用画笔记录下了生活中的点滴美好，用书法表达了她对生活的热爱与感悟。她的作品不仅展现了她卓越的艺术才华，更反映了她对生活的热爱与追求。

管道升

岁月流芳

管夫人讳道昇字仲姬,吴兴人,赵魏公室封魏国夫人,有才略聪明过人,为词章作墨竹笔意清绝,亦能书。

——陶宗仪《书史会要》

赵松雪欲置妾,以小词调管夫人云:"我为学士,你做夫人。岂不闻,陶学士有桃叶桃根,苏学士有朝云暮云。"

管夫人答云:"你侬我侬,忒煞情多。情多处,热似火。把一块泥,捻一个你,塑一个我。将咱两个,一齐打破,用水调和。再捻一个你,再塑一个我。我泥中有你,你泥中有我。与你生同一个衾,死同一个椁。"松雪得词,大笑而止。

——蒋一葵《尧山堂外纪》

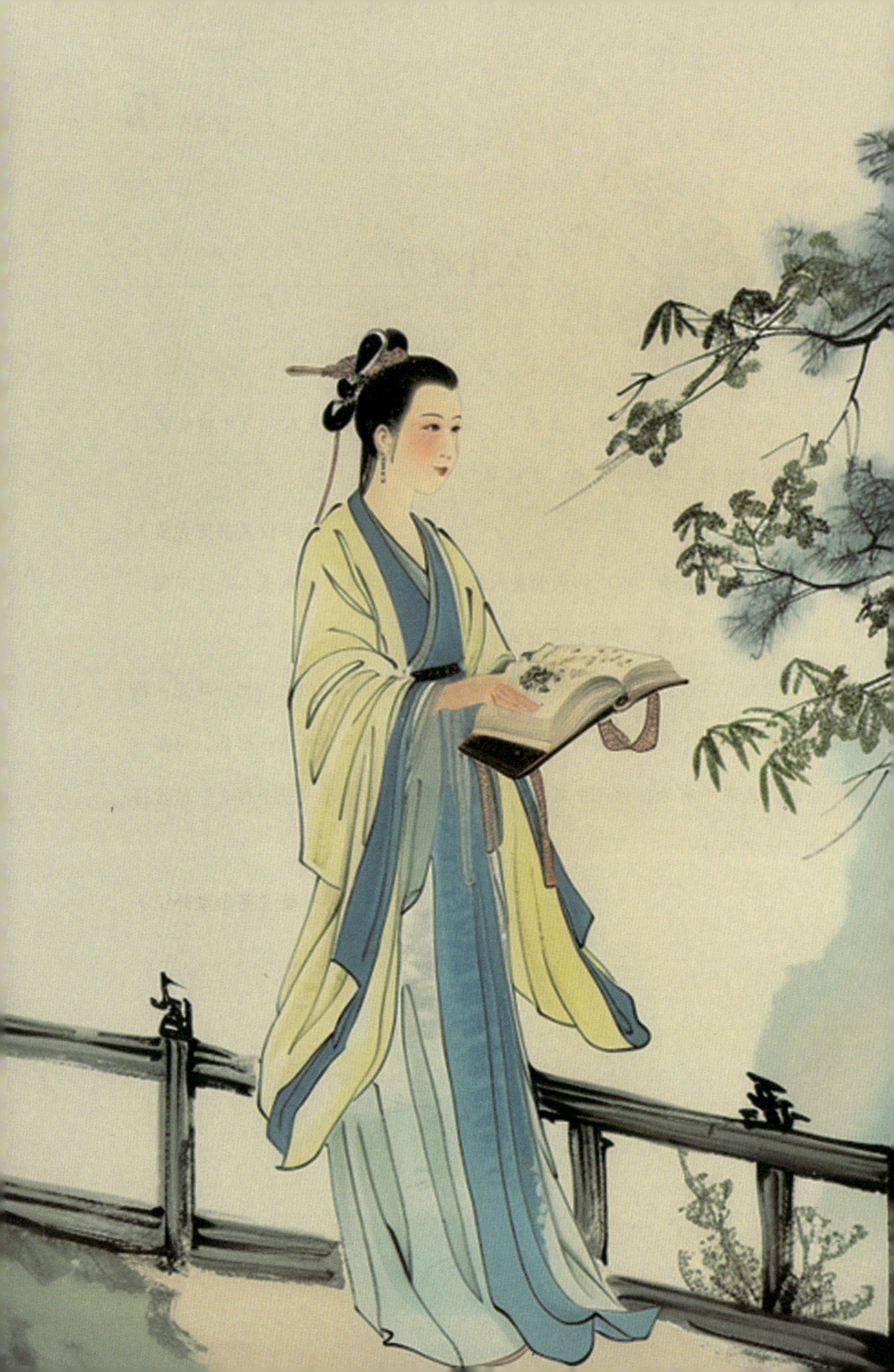

天真烂漫，字字绝佳

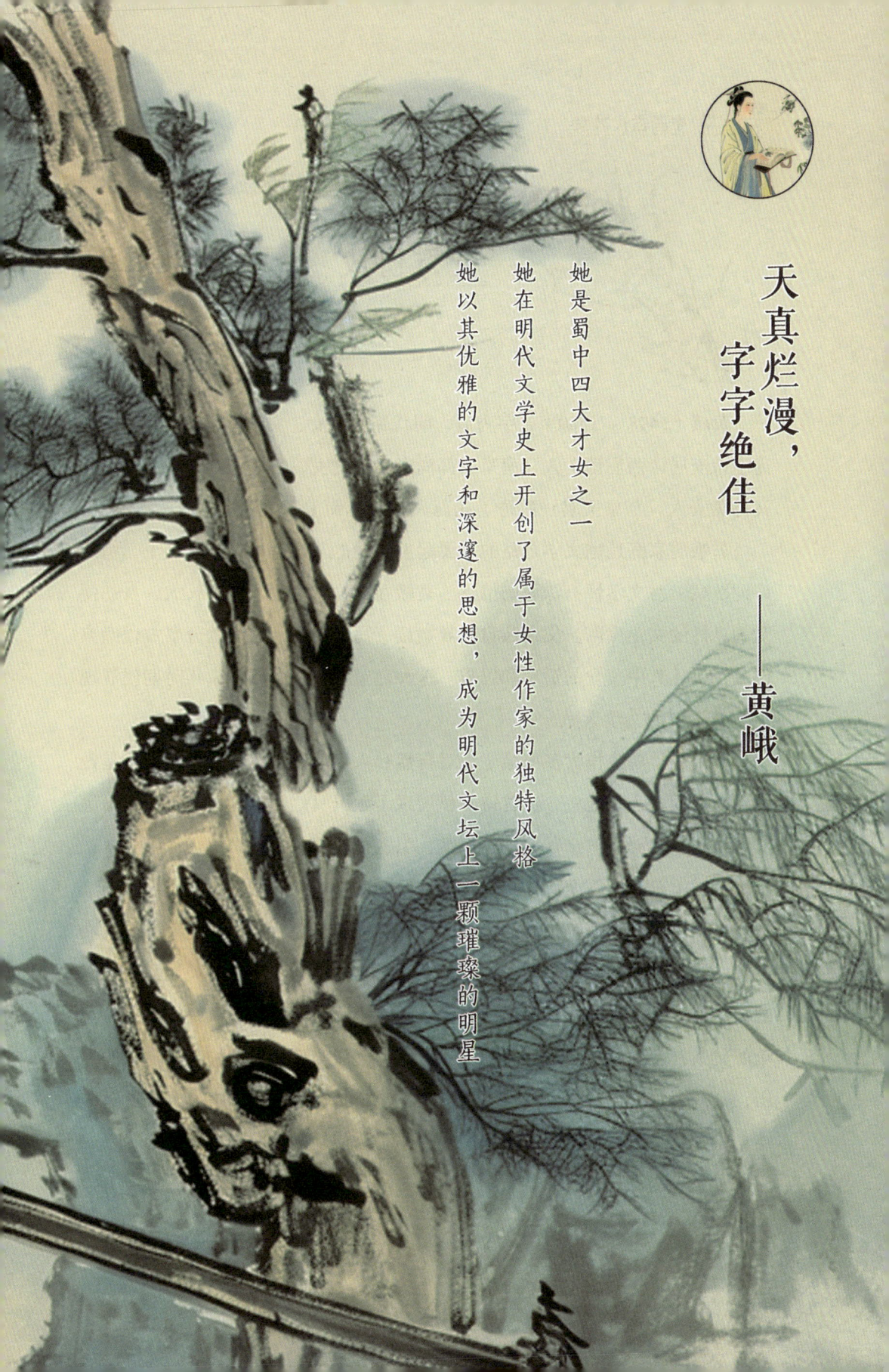

——黄峨

她是蜀中四大才女之一

她在明代文学史上开创了属于女性作家的独特风格

她以其优雅的文字和深邃的思想，成为明代文坛上一颗璀璨的明星

灵秀初成

黄峨（1498～1569），字秀眉，明代蜀中才女、文学家，四川遂宁（今遂宁市安居区西眉镇）人，南京工部尚书黄珂之女，著名文学家杨慎之妻，又称黄安人，与卓文君、薛涛、花蕊夫人并称蜀中四大才女。

黄峨的家庭是她文学之路的重要起点。她的父亲是一位饱学之士，精通诗词歌赋，对文学怀有深厚的情感。黄峨在这样的家庭环境中长大，自幼便受到良好的文化熏陶。父亲亲自教导她读书写字，还经常与她分享古代经典作品，讲述其中蕴含的道理和思想。这种启蒙教育让黄峨在童年时期便展现出与众不同的文学天赋。

黄峨的早期诗作大多描绘了她对自然和人生的感悟。《闺中即事》是她少女时期的代表作之一，这首诗不仅展现了她天真烂漫的性情，也透露出她对春日美景的渴望"金钗笑刺红窗纸，引入梅花一线香；蝼蚁也怜春色早，倒拖花瓣上东墙。"全诗描写了一幅春天的闺中景象，金钗挑破窗纸，引来一缕梅花香气。即使是小小的蝼蚁，也被春天的早色所吸引，拖着花瓣向墙上爬。诗中通过细腻的笔触，展现了黄峨对自然界微小事物的关注和她细腻的情感世界。这种风格很大程度上源于她从小所受的教育和家庭的影响。黄峨的父亲常带她游历山水，教她感受自然的美丽与变化。这种亲近自然的经历，开阔了她的视野，也丰富了她的文学素材。黄峨在词作中，常常通过描绘自然景象来寄托自己的情感，这种写作手法使她的作品既有意境之美，又充满了哲理的深思。

黄　峨

风韵逸事

智答使者

有一次,黄峨在家中接待了一位远道而来的使者。这位使者身份尊贵,但却佯装成平民百姓,希望试探黄峨的才情与智慧。使者来到黄峨家中,提出了几个极为刁钻的问题,想要考验她的见识和学识。比如,他曾询问道:"何为天下最难之事?"黄峨微笑着答道:"天下最难者,莫过于心境平和,心静如水。"使者大为惊讶,继续发问:"那么,何为天下最易之事?"黄峨沉思片刻,答道:"最易者,莫过于随波逐流,失去自我。"这些答案既体现了黄峨深厚的哲学思考,也展现了她对人生的透彻理解。使者被黄峨的智慧所折服,不禁脱口而出,表明了自己的真实身份,并赞叹道:"此女之才,果然名不虚传!"此后,这位使者对黄峨的才情赞不绝口,并将她的智慧故事广为传播,黄峨的名声因此更加远播。

一往情深

正德四年(1509年),黄峨的父亲黄珂升任右金都御史,巡抚延绥,但

黄峨头像

因边镇事务繁忙,家眷仍留在京城。此时,杨升庵刚刚考中状元,成为翰林院修撰。杨家与黄家交情深厚,杨升庵(即杨慎)在得知黄珂不在家时,便送去一张拜帖,以示敬意。彼时,年仅十二岁的黄峨对杨升庵的才华早已倾慕,激励自己更加勤奋读书。随着时间的推移,黄峨渐渐长大,才貌双全。许多显贵子弟纷纷上门求婚,但黄峨心中只有杨升庵,坚决表示愿意等待与他共结连理。黄珂虽然心疼女儿,但也理解她的心意,未强迫她做出违心的选择。后来,黄珂因不满朝政腐败,辞官还乡,带着家眷回到遂宁。

黄峨虽身处故乡,但心中仍挂念着京城的旧友,尤其是杨升庵。她常常调动琴弦,弹奏自己创作的《玉堂客》散曲,抒发对亲朋的思念之情。正德十二年(1517年),杨升庵因上疏劝谏明武宗而遭到冷落,借机辞官归乡。次年,杨升庵的原配夫人病故,他得知黄峨尚未婚配,便遣人提亲。杨黄两家门当户对,一说即成。杨升庵亲自到遂宁迎娶黄峨,婚礼隆重,轰动一时。婚后,黄峨与杨升庵住在状元府西端的榴阁,这里濒临桂湖,环境优美。二人感情深厚,常在庭院中吟诗作对。新婚期间,黄峨受到庭院中怒放的石榴花的启发而作的。"移来西域种多奇,槛外绯花掩映时。不为秋深能结实,肯于夏半烂生姿。翻嫌桃李开何早,独秉灵根放故迟。朵朵如霞明照眼,晚凉相对更相宜。"石榴树象征着婚姻中的幸福与子孙繁衍,而黄峨在诗中托物抒怀,将自己比作石榴树,表达了对杨升庵的深情厚谊。诗中石榴花在夏天绽放,不同于桃李的早开早谢,象征着她与杨升庵之间爱情的纯真和持久。

黄峨常与杨升庵一起切磋学问,讨论时事,鼓励他施展抱负。夫妻二人

黄 峨

志趣相投，共同度过了许多美好时光。然而，这段幸福的日子并未持续太久。

嘉靖三年（1524年），明世宗因"议大礼"事件对杨廷和及其支持者进行打压，杨升庵也因此受到牵连，被贬谪云南永昌卫。杨升庵在出京时，甚至未能与家人告别。黄峨听闻此事，心如刀绞，急忙赶到渡口，与丈夫同舟共济，誓与他共生死。

一路上，黄峨悉心照料杨升庵，渐渐地，杨升庵恢复了健康。然而，朝廷中的奸佞之徒并未善罢甘休，派遣刺客暗中跟踪。黄峨机警地察觉到这一点，加以防范，刺客无从下手，直到山东临清，刺客才悻悻离去。他们一路南下，经过南京时，友人们设宴为杨升庵送行。黄峨心有余悸，但仍陪伴丈夫一路西上，途经采石矶、浔阳江、洞庭湖等地，夫妻二人借景抒怀，互相激励。当船行至江陵时，杨升庵决定让黄峨回蜀，以免她在接下来的艰险旅途上受苦。二人在江陵古渡依依惜别，杨升庵写下《临江仙·江陵别内》一词，抒发离别的痛楚。黄峨读罢此词，悲痛欲绝，这段别离情景深深地刻在黄峨心中，她在分别时即兴作了《罗江怨·阁情》四首，第一首情感尤为浓烈，"空庭月影斜，东方亮也。金鸡惊散枕边蝶。长亭十里、阳关三叠，相思相见何年月。泪流襟上血，愁穿心上结，鸳鸯被冷雕鞍热"诗中描绘了她在长亭十里、阳关三叠的离别场景中，思念难耐，泪流满襟的凄苦情境。整首诗充满了悲伤的情感，表达了她对丈夫的深切思念和离别的痛苦。但她最终还是顺从了丈夫的安排，回到了四川。

黄峨回到新都后，独守空闺，心中始终挂念着远在云南的丈夫。她常常在桂湖畔徘徊，回忆起与杨升庵共度的美好时光。中秋佳节，她独自来到湖边，看到满树的桂花盛开，勾起了对丈夫的无限思念。她写下《黄莺儿》散曲，表达了对远方爱人的深切情感。黄峨始终以坚忍的精神支持着丈夫。她在此期间创作了多首诗作，以抒发心中对家乡和故人的思念。她在此期间所作的一首《寄外》"雁飞曾不度衡阳，锦字何由寄永昌？三朝花柳妾薄命，六诏风烟君断肠。曰归曰归愁岁暮，其雨其雨怨朝阳。相闻空有刀环约，何日金鸡下夜郎。"诗写得十分哀怨，黄峨在诗中表达了自己对杨升庵被贬远离家乡、长久不归的痛苦与思念。她想象着雁飞不度衡阳，自己的书信也无法寄达远在滇南的丈夫，心中充满了无尽的愁绪。诗中的"相闻空有刀环约"更是道出了她的悲痛和无奈。

杨升庵在云南也同样思念着妻子，写下《画眉关忆内》《青蛉行·寄内》等诗篇，以抒发心中的愁苦。他感慨道："易求海上琼枝树，难得阁中锦字书。"在他看来，与妻子的通信比寻找稀世珍宝还要困难。然而，在严密的监控下，夫妻二人只能依靠诗词来传递彼此的思念之情。

在云南流放期间，杨升庵受到当地百姓的爱戴，但始终未能摆脱朝廷的打压。根据明朝律例，罪犯年满七十即可归休。然而，当杨升庵七十岁时，刚刚回到四川，便被朝廷再次抓回云南，不久后他便含恨去世。黄峨在接到噩耗后，悲痛万分。她徒步前往云南奔丧，在半路上与升庵的灵柩相遇，写下了哀章，并将其遗体运回四川安葬。她在这段时间创作了大量悼念丈夫的诗作，以表达自己心中的痛苦与哀思。"懒把音书寄日边，别离经岁又经年。郎君自是无归计，何处青山不杜鹃！"黄峨在诗中说，自己已经懒得写信寄给远方的丈夫，因为她知道丈夫再也无法归来。这种深沉的痛苦和对现实的无奈，使她的诗句显得更加感人至深。

嘉靖四十五年（1566年），明世宗去世，新皇裕王即位，赦免了"议大礼"事件中的所有获罪大臣，杨升庵也被追赠为光禄寺少卿，谥封文宪公。黄峨则被封为宜人。

隆庆三年（1569年），黄峨去世，享年七十一岁。她与杨升庵合葬于新都西郊，实现了他们"生同心，死同穴"的誓愿。黄峨以她卓越的才华和坚贞不渝的爱情，成为中国历史上一位备受敬仰的女性。她与杨升庵的爱情故事，也随着时光的流逝，流传至今，成为千古佳话。

黄峨对杨升庵的爱深沉且持久，她的诗作中充满了对丈夫的思念和依恋。她的忠诚和执着不仅体现在言语上，更体现在行动中。在现代社会，爱

黄峨

情依然是人生中重要的一部分。爱情需要忠诚、理解和共同面对生活中的风雨。黄峨通过诗作表达了她内心的情感与思想，不管是喜悦、忧伤、思念，还是对社会的不满，她都通过诗歌进行抒发。这种勇于表达自我的精神在现代社会中同样重要。我们应该勇敢表达自己的感受和观点，不因害怕社会的评价而压抑自我。无论是通过艺术、写作、还是其他形式，表达自我是建立自信、寻找共鸣的重要途径。

黄峨的一生是才情与悲情交织的一生。她的诗作如同一面镜子，反映了她在不同阶段的心境与感情波动。无论是少女时期的天真烂漫，还是与杨升庵相守时的深情厚谊，抑或是流放途中与丧夫之后的深切哀思，黄峨都以她卓越的诗才将这些情感细腻而真挚地表现出来。她的作品不仅是个人情感的抒发，更是一位古代才女在封建社会中追求独立人格与自由爱情的心灵写照。黄峨的诗作至今仍然以其深刻的情感和高超的艺术水平感动着后人。

岁月流芳

　　黄峨，字秀眉，明代蜀中才女，工诗词，尤擅散曲，与卓文君、薛涛、花蕊夫人并称蜀中四大才女。

——张廷玉等《明史》

　　黄峨的诗歌作品清新自然，表现出才女独有的柔情和情感。她的诗作在当时备受欢迎，被誉为'天下秀才之冠'。

——袁行霈《中国文学史》

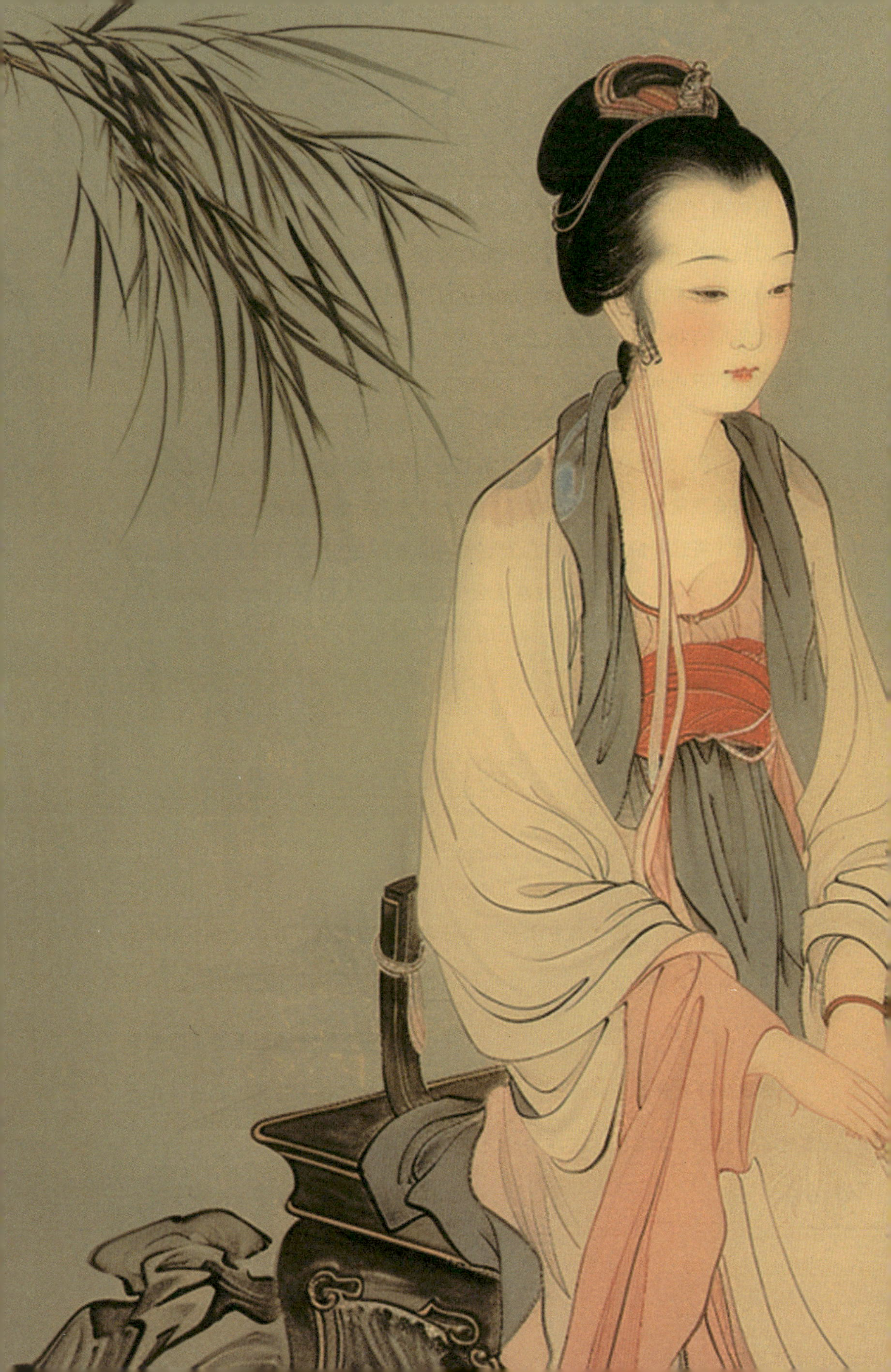

兰竹清幽，诗画皆雅

——马湘兰

她的诗画如兰竹般清雅脱俗，在盛世秦淮中独放异彩

她的画作名闻海内外

她的情感执着如孤兰，风雨中默默守护一生

灵秀初成

马湘兰，原名马守真，小字玄儿，又字月娇，号湘兰，生于明嘉靖二十七年（1548年），金陵（今江苏南京）人。马家虽不算名门望族，却也是书香门第，父母对其寄予厚望。在这种环境中长大，她自幼受到良好的教育，尤其是在文学、绘画和音乐等方面展现出过人的天赋。年幼的马湘兰便展现出了灵秀之质，仿佛一株嫩兰，初绽清香，令人叹为观止。

明代中叶的金陵，作为南方的文化重镇，文人雅士云集，文化氛围浓厚。在这个大背景下，马湘兰的成长得到了无数文化养分的滋润。自小耳濡目染，她对琴棋书画的兴趣日益浓厚，并迅速崭露头角。她尤其钟爱兰花，常在家中院落中亲手种植，并从中领悟兰花的品性，逐渐形成了自己独特的绘画风格。兰花清雅、孤高的品性，也深深影响了她的性格，她在追求艺术的道路上也更加坚定。

由于家道中落，马湘兰不得不进入歌妓行业，她并未因此屈服于命运，反而在逆境中表现出更强的韧性。她在秦淮河畔结识了许多文人雅士，她的诗画创作日益成熟，逐渐形成了自己独特的艺术风格，兰竹清幽，诗画皆雅，成为金陵城内备受瞩目的才女。

马湘兰的早期作品虽然数量不多，但每一件都表现出她的灵秀与才情。《墨兰图》便是其中的代表作之一。这幅画作虽不以细致的描绘见长，却以寥寥数笔勾勒出兰花的清雅与孤高，画中兰花仿佛被微风吹拂，带着一种飘逸的气韵，正如她自己一样，在风雨中仍保持着独立与高洁。随着年岁的增长，马湘兰的艺术风格愈发成熟，但她始终保持着那份独特的清雅与孤高。

这种风格的形成,既是时代背景和家庭环境的共同影响,也是她自身性格与天赋的体现。

风韵逸事

幽兰馆

秦淮河,作为明代金陵的文化和经济中心,云集了无数文人墨客,而马湘兰的幽兰馆更是文人雅士流连忘返的地方。幽兰馆原本只是马湘兰一处普通的住所,但她巧妙地将其打造成了一个雅致的文化空间。馆内不但有她亲手种植的各色兰花,还收藏了大量她自己创作的诗画作品。

幽兰馆的装饰也极具品位,处处透露出主人清雅脱俗的气质,竹石花草相映成趣,兰香飘逸,令人仿佛置身世外桃源。她在这里与人论诗画,还常常举办小型的文化活动,展示自己的书画作品,或者自编自导一些戏曲。正是通过这些活动,马湘兰逐渐在金陵城内声名鹊起,成为文人圈内人人称颂的才女。然而,幽兰馆也承载了马湘兰内心的孤独。

尽管门前宾客不断,但她始终觉得少了一个真正懂她的人。这种矛盾的心理,使她在繁华与孤寂之间徘徊,既享受着文人的赞誉,又常常在夜深人静时感到莫名的落寞。这种复杂的情感,也深深地影响了她后期的创作,使她的诗画作品中充满了一种淡淡的哀愁与孤独。

智 斗

马湘兰因兰花绘画技艺卓绝而声名大噪,她的作品被文人雅士乃至权贵们视为珍品,供奉至高无上的地位。即便是权势滔天的大太监魏忠贤,也对她的画作垂涎三尺。

魏忠贤原本是个市井无赖,因赌博破产而自宫入宫,凭借阴谋手段爬上高位,最终掌握朝廷大权。他虽心怀不轨,却渴望通过艺术附庸风雅,以提升自己的形象和名声。

为此,魏忠贤命手下人前去向马湘兰索要画作。然而,尽管身为青楼女子,马湘兰却始终保持着一份清高与傲骨。她不愿将自己的作品献给这样的奸佞之人,更不愿意屈从于魏忠贤的淫威。

面对此种困境,马湘兰心生一计,决定用自己的方式回击。她精心创作了一幅兰花图,画中的兰花清丽脱俗,宛如仙境之花。然而,她却暗中以尿液调墨作画,这让画作初时散发出阵阵幽香,而随着时间的推移,香气消散,取而代之的是一股难以言喻的异味。魏忠贤初见此画,甚为喜爱,连连称赞,并将其视为珍宝珍藏。不久之后,他在一次赏兰会上公开展示此画,以博得众人的赞美。

起初,围观的众人皆被画作的清雅风姿所吸引,无不赞叹。然而,随着时间推移,画中的异味逐渐显现,围观的人们闻到那股刺鼻的臭味,却因为魏忠贤的权势不敢直言。

尴尬的气氛在赏兰会场悄然蔓延,魏忠贤因此成为众人的笑柄,在不知不觉中出了大丑。

情动秦淮

　　两人的相遇，始于马湘兰的幽兰馆。那时的王稚登正值人生的低谷，仕途失意，心情郁闷。初次造访幽兰馆时，正值黄昏，馆内兰花盛开，微风拂过，幽香四溢。马湘兰亲自迎接，素衣轻绡，款款而来，神情开朗如春柳早莺。她带着王稚登漫步园中，轻声讲述兰花的种植与养护之道，言辞优雅，举止从容。两人边走边谈，渐入佳境。最后，马湘兰还亲手为王稚登奉上一幅兰花图，并即席吟诵自己所作的诗篇。王稚登为之深深折服，感叹自己平生所见才女无数，却从未见过如此清雅脱俗的女子。从此，幽兰馆成为他在金陵的栖息之地，而马湘兰也成了他心中最敬重的知己。

　　然而，尽管两人感情深，却始终未能走到一起。王稚登虽然心中深爱马湘兰，但因自己的仕途未见起色，他不愿拖累她。因此，他对待这段感情既珍惜又有所保留，始终未曾向马湘兰许下承诺。马湘兰虽然对王稚登心有所属，却也因女儿家的矜持而不敢主动表露。这种情感上的隐忍与克制，反而使得两人之间的感情更加深沉而持久。正如兰花在幽谷中独自绽放，马湘兰对王稚登的感情也如兰花般清幽而孤寂。她曾在一首诗中写道："自君之出矣，不共举琼卮。酒是消愁物，能消几个时。"这首诗表达了她对王稚登的深情与无奈。她无法忘却王稚登，却也只能在孤寂中默默守候，希望有一天能与他共度余生。

　　然而，命运终究未能如她所愿。王稚登因种种原因离开金陵，前往姑苏定居。马湘兰虽一再前往探望，却始终未能再续前缘。两人的感情，最终成了一段无果的遗憾，化作了她笔下那些哀婉动人的诗篇。

　　王稚登七十岁寿诞那年，马湘兰已年近五十，虽然年华已逝，她对王稚登的情谊却未曾改变。为了表达心中的敬爱与深情，她精心准备了一场隆重的寿宴。虽然身为歌妓，马湘兰已不再年轻，但她依旧以优雅的姿态，亲自操持了这场宴会，力求将每一个细节做到尽善尽美。宴会当天，王稚登受邀来到幽兰馆，见到马湘兰为他布置的这一切，内心百感交集。兰花依旧清幽，馆中布置雅致简朴，处处透着马湘兰对他的深情与用心。宴会上，马湘兰亲自为他敬酒，举止间流露出不变的温柔与体贴。宾客纷纷祝寿，而王稚登的目光却始终离不开她，仿佛在看着他一生中最珍贵的风景。

这些年来，他却未能给她一个明确的承诺，心中满是歉疚与感动。尽管他们之间未能成为夫妻，但这种历经岁月沉淀的情感，早已超越了世俗的爱恨，成为一种灵魂上的深刻共鸣。宴会结束后，王稚登久久不愿离去，最终两人在幽兰馆中促膝长谈，回忆往事，共享那一刻的温馨与默契。那晚的幽兰馆，在月色与兰香中，见证了两人深厚的情感，也成为他们最后一次如此亲密地共处。

不久之后，王稚登因病离世，马湘兰痛失知己，心中倍感凄凉。她为他写下了数首悼念的诗篇，将自己深藏心底的哀思寄托在文字与画笔之中。她的诗中充满了对王稚登的思念与遗憾，这段未能圆满的感情，最终成了她心中最深的痛。在王稚登离世之后，马湘兰的生活变得更加孤寂。尽管她仍然保持着创作的热情，但内心的孤独却愈发难以排解。她不再像年轻时那样频繁地出现在社交场合，幽兰馆也逐渐冷清下来。她将更多的时间用于绘画与写诗，希望通过这些艺术创作来表达内心的情感与对往事的回忆。

马湘兰晚年的作品愈加成熟，但也愈加充满了孤独与哀愁的气息。她的兰花画作依然清雅，但其中的笔触却多了一份沉重与深沉，仿佛她在通过这些兰花，表达自己内心那种无法言说的痛楚。她的诗作也日益趋向于一种淡然与超脱，不再像年轻时那样充满激情，而是更多地表现出对人生无常的感悟与对故人的怀念。

尽管生活中缺乏知己相伴，马湘兰却依然坚守着她对艺术的执着追求。她从未放弃对诗画艺术的热爱，并通过这些作品，继续表达着她对生活的感

马湘兰

悟与对情感的思考。她在晚年的诗画创作中,逐渐融入了对佛道思想的理解,希望通过这些哲学思考,找到内心的宁静与安慰。

在她生命的最后几年,马湘兰几乎完全淡出了人们的视野,过着隐居的生活。她在幽兰馆中度过了生命中的最后时光,伴随着她一生钟爱的兰花,与这些植物为伴,度过了无数个孤独的夜晚。最终,她在寂静中离世,留下一座无人打扰的兰花园,和那些传世的诗画作品。

马湘兰的离世标志着一代才女的谢幕,她的一生充满了波折与坎坷,却也因她的才情与坚忍而闪耀着独特的光芒。作为一名歌妓,她的身份虽然卑微,但她通过自己的才情与努力,赢得了文人雅士的尊敬与赞誉。

她的故事传遍了秦淮河畔,成为无数人心中的传奇。幽兰馆也因此而名扬天下,成为人们缅怀这位才女的圣地。后世的文人们在她的诗画作品中,感受到了一种超越时间的精神力量,那种孤高、清雅、不屈服于命运的韧性,正是她留给后世的宝贵遗产。尽管岁月流逝,马湘兰的名字却未曾被遗忘。她的兰花作品依旧在各大博物馆中展出,吸引着无数艺术爱好者的目光。她的诗作也被一代又一代的文人传诵,成为中国古代女性文学的重要组成部分。

岁月流芳

马湘兰的画作在当时名闻海外,暹罗国使者亦知购其画扇藏之。

——姜绍书《无声史诗》

兰仿子固,竹法仲姬,俱能袭其韵。

——《历代画史汇传》

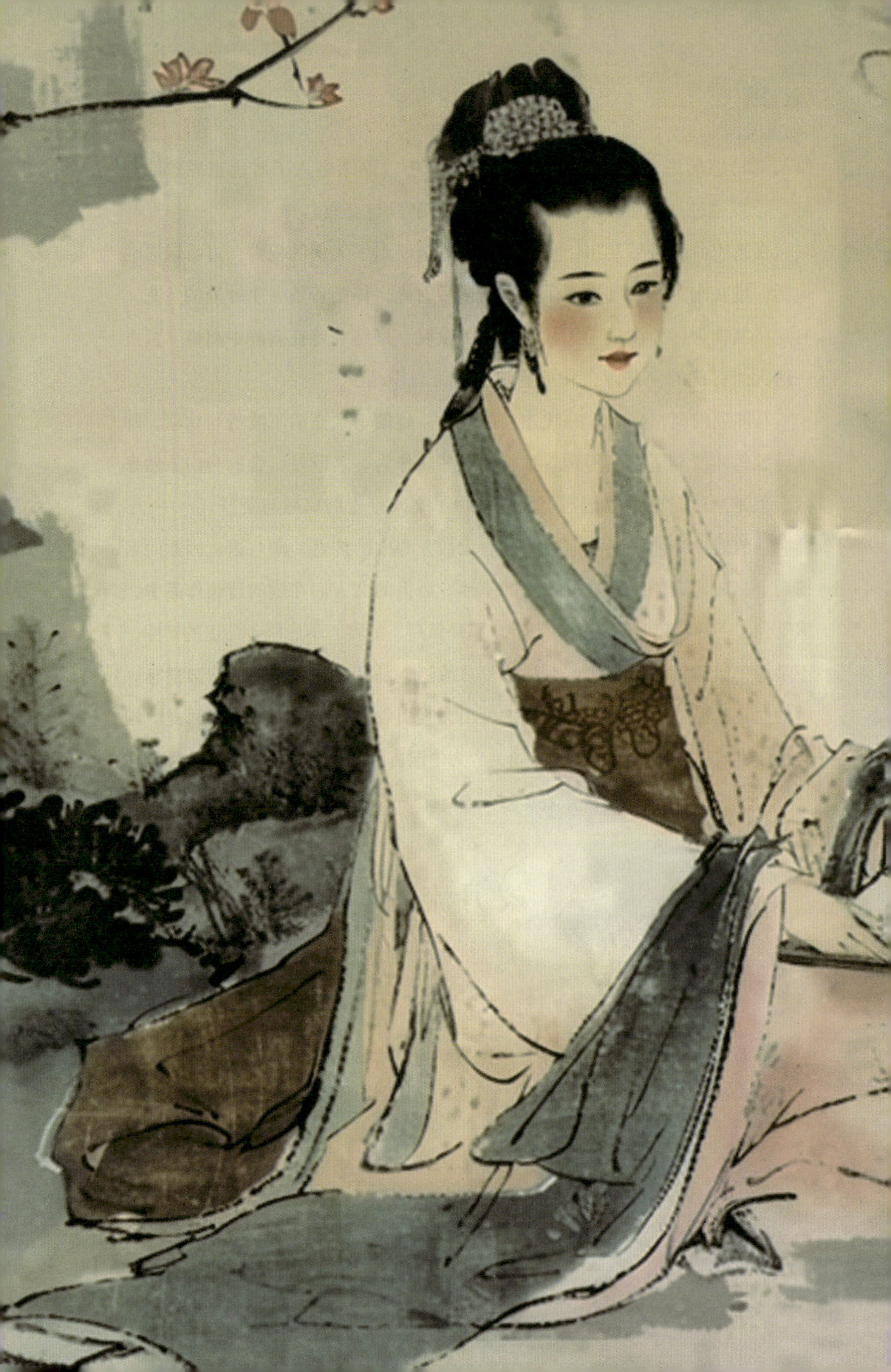

人间姝丽，巾帼英雄——王贞仪

她是清代少有的女性科学家，与梅文鼎齐名

她是清代以来撰写科学著作最多的女学者之一

她是智识与坚韧并存的清代著名天文历算家

灵秀初成

　　王贞仪（1768年-1797年），字德卿，号金陵女史、江宁女史，生于江宁府上元县（今南京市），祖籍安徽泗州府天长县。她不仅是清代的一位杰出女诗人，更是一位在天文学、数学、地理学等领域有所成就的科学家。她短暂的生命中所展现出的学识与才情，令她成为中国古代少有的集文学与科学于一身的才女，被誉为"班昭之后一人而已"。

　　王贞仪出身于书香门第，家族中最具影响力的人物莫过于她的祖父王者辅。王者辅是一位学识渊博的官员，曾任广东海丰县令、嘉应州知州等职。他不仅在仕途上有所建树，还极力培养家庭中的后代，尤其是对王贞仪的教育更是倾注了大量心血。在祖父的熏陶下，王贞仪自幼便对天文、算学等科学产生了浓厚的兴趣，并展现出超常的才智。

　　命运的变故并未因此停下脚步。祖父王者辅因触怒权贵而被罢官，最后谪戍吉林，并在戍所去世。这一变故对王贞仪的生活产生了巨大冲击，同时她也失去了在学术上最为重要的导师。家道中落，家中藏书散失殆尽，使得她的学习条件大为受限。尽管如此，王贞仪依旧未曾放弃对知识的追求。她随祖母和父亲奔赴吉林，并在那四年里向蒙古"阿将军"的夫人学习骑射，还随闺友陈宛玉的祖母卜太夫人学习古诗文。16岁那年，王贞仪随家人扶榇回到江南，随后又展开了一次长达数年的游历。她先后游历了吴、楚、燕、越等地，东出山海关，西至临潼，遍历大江南北。这段游历不仅开阔了她的眼界，更为她的诗词创作提供了丰富的素材。泰山的魏峨、华山的险峻、山海关的雄伟、潼关的壮丽，这些名山大川的壮丽景象都深深印刻在她的脑海中,并反映在她的诗作中。广泛的游历丰富了她的见闻,也锻炼了她的性格。她逐渐形成了勇于求真的精神,并立志在男尊女卑的社会环境中,以一己之力突破性别的束缚,取得与男子同等的成就。

风韵逸事

月　食

二十岁那年,王贞仪在家中的书房里静静地研读着张衡的《灵宪》一书。这本书汇集了古代天文学的精髓,尤其是其中关于月食的部分,更是引起了她的极大兴趣。月食的成因对于王贞仪来说,是一个既熟悉又神秘的课题。她知道,月食的出现与月亮、地球和太阳的相对位置密切相关,但书中复杂的描述和古文的艰涩,她一时难以透彻理解。

这天正值元宵节,家中张灯结彩,一片喜气洋洋。晚宴过后,亲朋好友纷纷聚集在庭院中赏灯观景,笑语盈盈。王贞仪虽然受邀前去,却心不在焉。她脑海中不断回想着《灵宪》中的描述,心中疑虑重重,实在难以安坐在宴席旁。于是,她决定暂时离开热闹的场面,独自一人走到后院的小亭中,想借着这片刻的安静继续思索。小亭中悬挂着一盏巨大的晶灯,灯光透过水晶,散发出柔和的光芒。亭子的两侧,各有一面巨大的圆形屏镜,映射着灯火与月色。王贞仪站在亭中,望着这晶灯和镜子,忽然心生一计。她想,或许可以通过物理模拟来直观地理解月食的过程。她将大晶灯比作太阳,将自己手中的一颗小球作为地球,而那两面镜子则代表着月亮。她开始将晶灯移至亭中的正中央,并将小球放在灯光照射的路径上。接着,她小心翼翼地移动着小球，模拟着地球的运行轨道，而镜子中的影像则被她假想为月亮的轨迹。王贞仪一边观察着晶灯的光线如何被小球遮挡，一边仔细思考着月亮、地球和太阳之间的相对位置。她反复尝试，将小球在不同的角度上移动，并仔细观察镜中影像的变化。随着实验的深入，她逐渐领悟到，原来月食的形成是由于地球运行到太阳与月亮之间，地球的影子投射在月亮上，从而导致月亮部分或全部被遮蔽。随着她对这个原理的理解加深，王贞仪的脸上渐渐露出了笑容。她终于明白了，书中所述的月食原理并非无法掌握，而是需要通过动态的模拟和深入的思考来领悟。

潜心究学

回到金陵后，王贞仪沉浸于学术研究之中，尤其是对历算与天文学的兴趣尤为浓厚。她并不仅限于书本知识的汲取，而是通过实践与思考，不断探求真理。正如她自己所言，这些学问与百姓的日常生活息息相关，是"生民日用之所不能废也"。因此，她非常重视这些学科的研究，并且不遗余力地钻研相关书籍，常常达到废寝忘食的程度。

然而，在清代的社会背景下，士人普遍热衷于科举取士，四书五经成为士子们的主要学习内容。与此相对，历算等自然科学领域被视为冷门，少有人问津。即使有少数人愿意学习，也因其艰深晦涩，常常望而却步。对于这种社会风气，王贞仪深感不满，并立志通过自己的努力，编写一些简明易懂的入门书籍，使初学者能够更好地掌握这些学问。她对清代著名天文学家和数学家梅文鼎非常推崇，认为梅氏的著作在天文学和数学领域具有重要的指导意义。她以梅文鼎的《历算》为蓝本，并参考其他相关书籍，编成了《历算简存》五卷。此外，她还将梅文鼎的《筹算》七卷中的内容精简，撰成了《筹算易知》一卷，以期使数学知识更为通俗易懂。与此同时，她还将自己从小所习得的天文历算知识汇编成《象数窥余》四卷，并附有图像，以便让更多的人能够理解和应用这些知识。

在学术研究的过程中，王贞仪不仅仅依赖书本知识，还亲自进行实验和模拟，以验证书中的理论。这种实事求是、勇于实践的精神体现了她对学问的执着追求。然而，正因为她的执着和独立思考，王贞仪在社交圈中常常被误解为"闺中狂士"。一些女友人对她的态度感到难以理解，甚至因此对她冷淡。然而，王贞仪并未因此而退缩，反而更加坚定了她的学术追求。她认为，科学知识对于改善百姓生活、推动社会进步具有不可替代的作用。因此，她不仅自己钻研学问，还致力于将这些知识普及给更多的人。

除了在自然科学领域的研究，王贞仪还涉猎历史学。她曾撰写《读史偶序》，展现出她对历史的深刻理解和浓厚兴趣。通过阅读史籍，王贞仪不仅增进了对历史事件的了解，也从中汲取了丰富的智慧，这些都为她的学术研究提供了重要的参考和指导。

王贞仪的才华与学识在她成婚后得以延续。她与宣城的诸生詹枚结婚后，虽然要分心家务，但依然坚持读书求学。她的作品开始受到更多人的关注，同时也引来了不少非议和质疑。她不惧世俗偏见，继续从事科学研究，并将自己的文稿整理为《德风亭集》。她还大胆地收纳了少年书生夏乐山为弟子，传授诗文。这种行为在当时的社会环境中无疑是充满争议的，但她从不因此而动摇。面对外界的毁誉，她坦然接受，认为学问与性别无关，应该为学术而努力，而不是为取悦世俗。然而，天不假年。在她将《德风亭集》整理完成后不久，她因病缠绵不起，最终在嘉庆二年（1797年）逝世，年仅三十岁。

王贞仪的科学研究领域涵盖了天文学、数学、地理学等多个方面。她钻研历代天文著作，深入了解中西方的天文学理论。她批驳了当时一些错误的天文观念，并提出了许多独特的见解。在《地圆论》《月食解》等著作中，她阐述了地球的形状、月食的成因等问题，展现了她在天文学领域的深厚造诣。在数学方面，王贞仪对勾股问题进行了深入研究，并编写了《筹算易知》，使得复杂的数学问题变得更加通俗易懂。她还编写了《术算简存》《象数窥余》等书籍，系统地总结了她在数学方面的研究成果。在文学创作上，王贞仪不仅留下了大量的诗词作品，还涉猎赋、传、记、辨、书、解、跋等多种文体。她的诗作风格质朴无华，直抒胸臆，反映了她对现实社会的深刻观察和思考。

作为一位女性，王贞仪深知在当时的社会背景下，女性被普遍视为不适合参与学术研究和社会事务的群体。这种观念在她看来是极其不公正的。她愤怒地指出，许多迂腐的学者认为妇女不应该以学习和吟诵为事，然而她却坚信"同是人也，则同是心性"，六经诸书教导人们修身齐家，并非仅为男性而设。她充满激情地宣言，"始信须眉等巾帼，谁言儿女不英雄"，以此表明她对男女平等的强烈渴望。尽管王贞仪在追求科学真理和男女平等方面表现出了超越时代的思想，但她的思想并未完全摆脱封建社会的束缚。她在文学和社会观念上仍然受到传统儒家伦理的影响，未能完全跳脱出传统对女性角色的定义。她在为几位节妇立传时，表达了对那些未婚贞女殉夫而死的极端贞节观的认可，甚至认为这种行为对社会风俗有积极的砥砺作用。更为矛盾的是，王贞仪在科学研究中对传统迷信和因果报应之说持怀疑态度，却在其他场合认可这些观念。例如，她在批评风水和佛道因果报应的荒谬性时，表现出了理性的思考和科学的态度；然而，当面对边大绶盗掘李自成家祖坟的事件时，她又从因果报应的角度对此拍手称快。这种矛盾揭示了她在传统与现代、科学与迷信之间的思想摇摆。王贞仪的这些矛盾一方面显示了她作为女性在封建社会中面临的巨大压力，另一方面也反映了她试图在传统与

王贞仪画像

现代之间寻找平衡的努力。尽管她的思想中充满了矛盾，但她那种敢于挑战传统、坚持自我、追求科学真理的精神，依然值得我们敬佩。

王贞仪被誉为"班昭之后一人而已"，是中国历史上少有的集文学与科学于一身的女性。她的形象被印在外国的明信片上，国际天文学联合会以她的名字命名了一颗小行星，《自然》杂志将她选入"为科学发展奠定基础的女性科学家"名单中。足行万里书万卷，尝拟雄心胜丈夫。王贞仪的一生短暂而璀璨，她在学术上和文学上的成就，使她成为清代乃至中国历史上最为杰出的女性之一。

王贞仪用自己的智慧和不懈的努力，打破了封建社会对女性的禁锢，为近代科学的发展开辟了新的道路。她的科学研究不仅为清朝的学术界带来了新风，也为后来者点亮了前行的灯塔。我们应该感谢王贞仪的努力与坚持，正是因为有她这样的先驱，科学的光芒才能照耀在封建的清朝大地之上。她的精神激励着每一位追求知识和自由的女性，推动着社会向更公平、更进步的方向发展。

岁月流芳

王贞仪的诗词俱有奇杰之气，不类女流。

——袁枚《随园诗话》

王贞仪不仅广泛涉猎经史诗文，而且深入到天文、地理、数学、医学等科学领域，史称"班昭之后一人而已"。

——沈雨梧《清代女科学家》

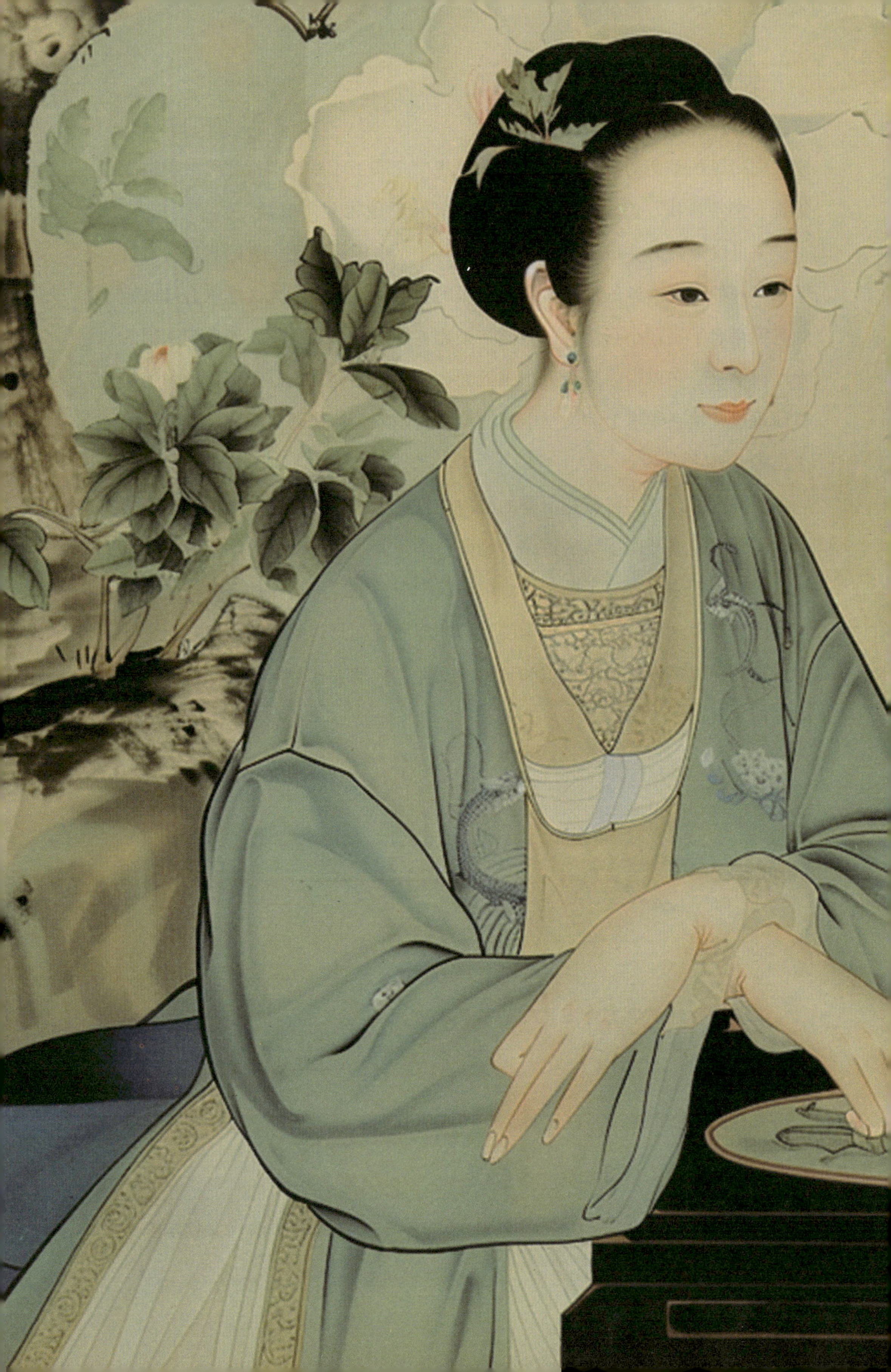

命运多舛，才华出众 —— 顾太清

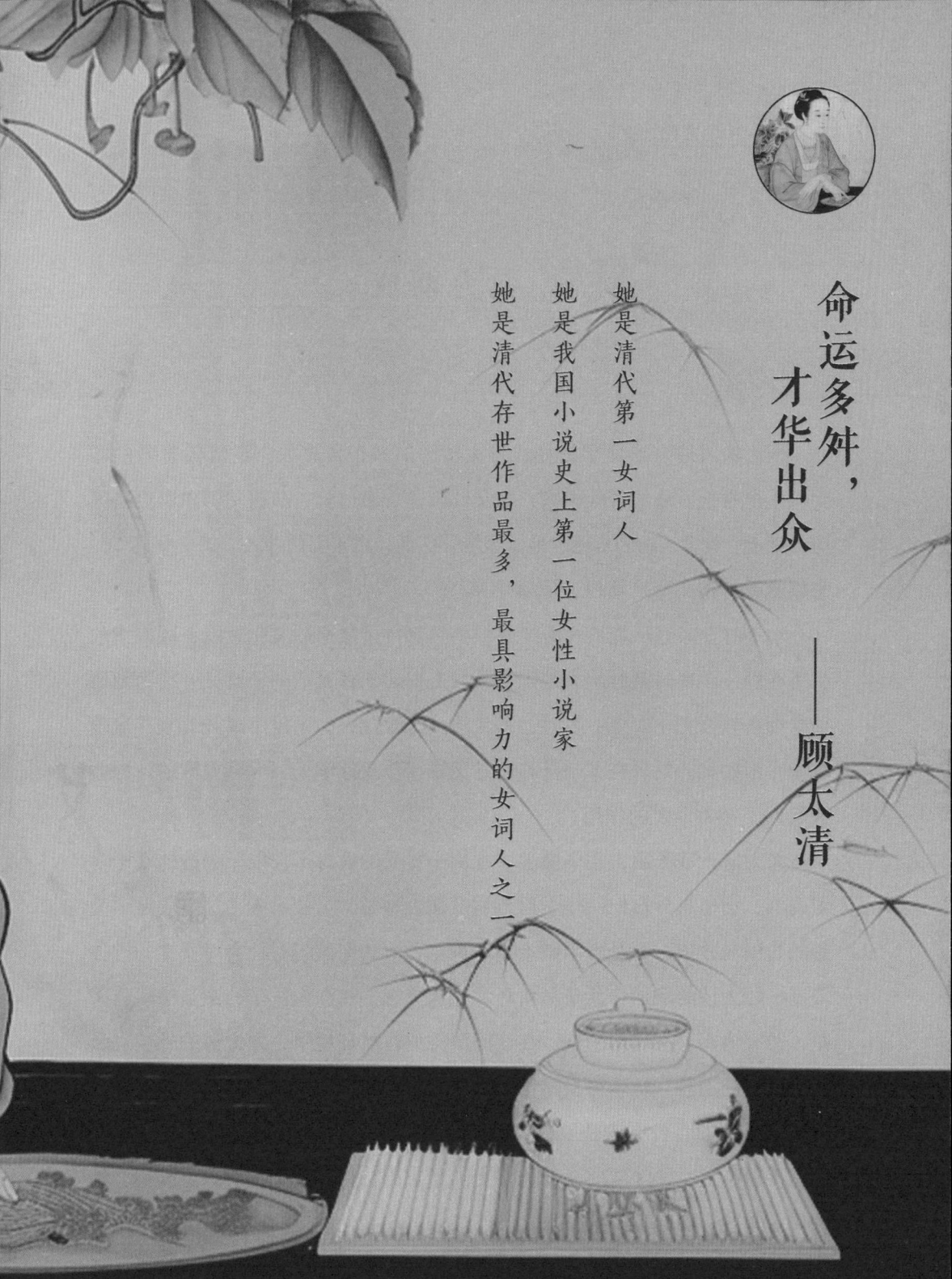

她是清代第一女词人

她是我国小说史上第一位女性小说家

她是清代存世作品最多、最具影响力的女词人之一

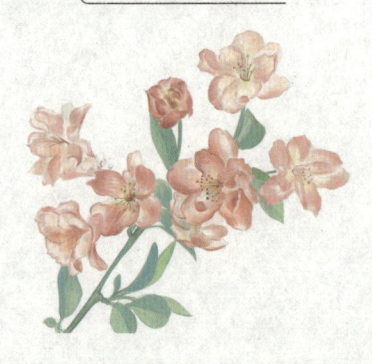

灵秀初成

顾太清，原名春，字梅仙，号太清，满洲正黄旗人，是清代著名的才女。她出身于显赫的贵族家庭，祖父鄂昌是甘肃巡抚，叔祖父鄂尔泰更是康熙、雍正、乾隆三朝的重臣，地位显赫。然而，由于鄂昌卷入"胡中藻案"，家族遭受打击，家产籍没，家道中落。

幼年时，家庭环境虽经历变故但仍然保持了浓厚的文化氛围，顾太清的祖母在她三四岁时就开始教她识字，六七岁时，顾太清的家庭又专门为她请了老师来教授文化。十一岁时，顾太清父母双亡，她不得不离开北京，流落江南，由姑父、姑母在苏州抚养。姑父是一位汉族学士，对顾太清的诗词教育起到了至关重要的作用。

顾太清天资聪颖，才华横溢。她从小接受的教育不仅限于一般的女子学习内容，而是与男孩们一样学习诗词歌赋。她常常男装示人，这不仅是因为她的自信与才华，更是由于她希望通过这种方式突破当时社会对女性的种种限制。顾太清的诗词作品新颖精巧，充满灵气，在江南一带的文坛中崭露头角，被誉为闺秀文坛的翘楚。在江南清秀的自然环境中，顾太清的外貌也受到了良好的滋养。她生得身材苗条，肌肤如雪，眼眸清澈明亮，虽然她是满族人，但她的容貌更像是地道的南国佳人。

在创作上，顾太清的诗词风格受到了家族文化和汉文化的双重影响。她的作品中既有满族特有的豪放之气，又兼具汉文化的婉约柔美。这种双重文化的熏陶使她的作品具有丰富的层次感和多样性，不仅仅是单一的闺怨或抒情，更包含了对社会现实的关注和对人生哲理的思考。顾太清的作品内容广泛，题材多样，她的诗词不仅仅是表达个人的情感抒发，更是通过这些作品表达她对生活的深刻理解和对社会的敏锐洞察。

风韵逸事

丁香花公案

道光十八年，这是顾太清守寡的第二年。那一年，杭州有位名叫陈文述的风流文人，效仿袁枚提倡闺秀文学，并培养了许多吟诗作对的女弟子。陈文述突发奇想，出资为一些前代名女如小青、菊香、云友等人重修墓园，并计划将女弟子们的诗作编成《兰因集》出版。为了提高诗集的声望，他特意让儿媳汪允庄去求顾太清写一首诗。汪允庄是顾太清的旧友，于是她从苏州赶到京城，奉命请诗。然而，顾太清对这种故作风雅的事情并不感兴趣，她拒绝了汪允庄的请求。尽管如此，《兰因集》出版后，陈文述却在书中冒用了顾太清的名字，刊载了一首"春明新咏"诗。顾太清得知此事后，感到十分荒唐，但她并未大动干戈，而是以一首诗回应陈文述，暗讽他的庸俗与鄙劣。这首诗中，顾太清将陈文述刻画得淋漓尽致，陈文述虽然气愤，却也无可奈何。

这件事表面上似乎已经过去，随着时间的推移，顾太清逐渐从失去丈夫的阴影中走出，重新与文人雅士交往频繁。其中一位便是当时的著名文豪龚自珍。龚自珍出身书香世家，才华横溢，其诗词深受顾太清欣赏。龚自珍进士及第后，被授予内阁中书，升为宗人府主事，这是个清闲无事的职位。才华无处施展的他，只能寄情于诗词，因此，他成了顾太清府中的常客。

顾太清虽然寡居，但品性端庄，以诗词会友，保持了清正的名声。然而，就在奕绘去世的第二年,一场突如其来的风波席卷了她的生活。这年的初秋,龚自珍写了一首"己亥杂诗",很快在京城的文人圈子里流传开来。诗中提到"缟衣人",并注释"忆宣武门内太平湖之丁香花"。当时,顾太清住在太平湖畔的王府,常穿白衣裙,文人们纷纷猜测"缟衣人"就是顾太清。不久后,龚自珍又传世了一阕《桂殿秋》词,词中描写了明月夜的幽谧情境。陈文述看到这两首诗后,认定诗词中的"缟衣人"指的就是顾太清,他将这两首诗巧妙地联系起来,断定龚自珍与顾太清有染,并把这段绯闻传得有鼻子有眼。随着流言的扩散,京城中开始传言龚自珍与顾太清有染。人们对这种绯闻津津乐道,加上文人们的煽风点火,事情很快演变得有滋有味。龚自珍和顾太清虽然是清白的,但在这种绯闻面前,任何辩解都显得苍白无力。龚自珍被流言困扰,最终不得不离开京城,郁郁地远走他乡。而顾太清在这场风波中更是无力自辩,最后被奕绘与妙华夫人所生的儿子载钧逐出王府。

被逐出王府后,顾太清带着儿女搬到了西城养马营,租住在几间破旧的房屋中。从王府的荣华富贵到市井的贫苦生活,顾太清的生活发生了翻天覆地的变化。这一切的根源,仅仅是一场无中生有的"丁香花公案"。面对突如其来的变故,顾太清的内心充满了痛苦和无奈。她曾多次想到一死了之,但看到年幼的儿女,她毅然决定坚强地活下去。顾太清通过诗词抒发内心的苦闷,她写下了许多哀婉动人的诗句,表达自己对命运的不公和生活的艰辛。

云槎外史

顾太清 26 岁才出嫁,这在封建社会中已属"大龄",她的婚前生活可能充满了艰辛和磨难。在那个时代,未婚女子通常不应出现在公众场合,尤

顾太清

其是文人雅士的聚会中。然而，顾太清却能够在宴席上与当时的贝勒奕绘相识，并最终成为他的侧福晋。

顾太清之所以能够在这样的场合露面，是由于她在苏州地方上已小有名气，其美貌与才华兼具，令人瞩目。奕绘被她的才情深深吸引，这样的际遇为顾太清未来的人生道路奠定了基础。

顾太清画像

顾太清的丈夫奕绘，是清代嘉庆和道光年间一位颇有名气的宗室诗人。他不仅出身高贵，而且才华横溢，热爱诗词书画，堪称一位儒雅的学者和文人。奕绘与顾太清的结合，不仅是婚姻的结合，更是两位才子佳人的精神共鸣。婚后，顾太清进入了她创作的黄金时期。她与奕绘琴瑟和鸣，诗词唱和，共享文学的乐趣。二人的感情深厚，犹如李清照与赵明诚那般相互扶持、相互激励。顾太清在《玉烛新·白海棠》一词中描绘了她在婚姻中的幸福"初晴新雨后。乍洗褪胭脂，缟衣妆就。东风倦倚，憨憨态、不管敲残更漏。嫩寒天气，正睡稳、乌衣时候。深夜静、银烛高烧，微香暗侵襟袖。盈盈一点芳心，占多少春光，问卿知否？红妆莫斗。谁得似、净骨天然清瘦。神娟韵秀。雅称个、花仙为首。还要倩、流水高山，花前慢奏。"这首词描绘了一个风雨初晴、夜深人静的场景，顾太清通过细腻的笔触写出了她对婚姻生活的满足与幸福。这种幸福并非一时的欢愉，而是源自与丈夫奕绘深厚的感情和共同的精神追求。顾太清将这种幸福感融入她的诗词创作中，使其作品充满了柔情与美感。

然而，这段幸福的婚姻并未持续太久。奕绘在 40 岁时早逝，给顾太清带来了巨大的打击。她在诗中写道："事事思量皆有因，半生尝尽苦酸辛。"

这句诗既是对她早年生活的概括,也是她失去丈夫后内心痛苦的写照。奕绘去世后,顾太清带着子女苦捱时光。虽然失去了丈夫的陪伴,但顾太清并没有沉浸在悲痛中,而是通过诗词创作来抚慰内心的伤痛。她的作品开始表现出一种超然的心境,显示了她在面对人生变故时的坚忍与智慧。在《陋巷数椽屋》中,她写道"陋巷数椽屋,何异空谷情;呜呜儿女啼,哀哀摇心旌。几欲殉泉下,此身不敢轻;贱妾岂自惜,为君教儿成。"顾太清在失去丈夫后的艰辛生活和内心的挣扎历历在目。她本可以选择追随丈夫而去,但她选择了坚强地活下去,为了抚养儿女,为了完成"化作春泥更护花"的使命。这种无私的母爱和坚忍的精神,让她在清贫的生活中找到了内心的平静。晚年的顾太清因为绯闻而遭受社会排斥,被逐出王府,生活困苦。然而,她并未因此而沉沦,而是继续坚持自己的文学创作,勇敢面对世俗的偏见。她用诗词记录下自己的感受,表达了对世俗不公的抗议。

顾太清的才华不仅体现在她的诗词创作中,她晚年还以道号"云槎外史"之名著作小说《红楼梦影》,这是中国小说史上第一部由女性创作的小说续书,使她成为中国小说史上第一位女性小说家。

顾太清在生活中经历了许多挫折,包括早年生活的困苦、丈夫的早逝以及晚年的绯闻和社会排斥。然而,她并没有被这些困境打倒,而是通过创作和自我调适,找到继续前行的力量。顾太清的一生展现了她强烈的自主意识和自信心。尽管生活在一个封建礼教严格的时代,顾太清依然坚持自我,通过诗词表达自己的思想和情感。她的作品中充满了自信和独立的精神,展示出一个不被环境所束缚的女性形象。

顾太清的生命故事为后现代女性提供了宝贵的启示。她的自主与自信、坚忍与抗争、文化修养、爱情平等观念以及勇敢面对世俗偏见的态度,都是现代女性在追求个人幸福和社会成功时可以借鉴的宝贵品质。在这个多变的时代,顾太清的精神力量依然闪耀,为后现代女性指引着前行的方向。

顾太清

岁月流芳

清新婉约,情感真挚,具有独特的艺术风格。

——金启琮《满洲女词人顾太清》

太清才气横溢,援笔立成。

——沈善宝《名媛诗话》

顾太清尽管生活在封建贵族大家庭里,但她的思想却是相当开明的。

——黄嫣梨《清代四大女词人》

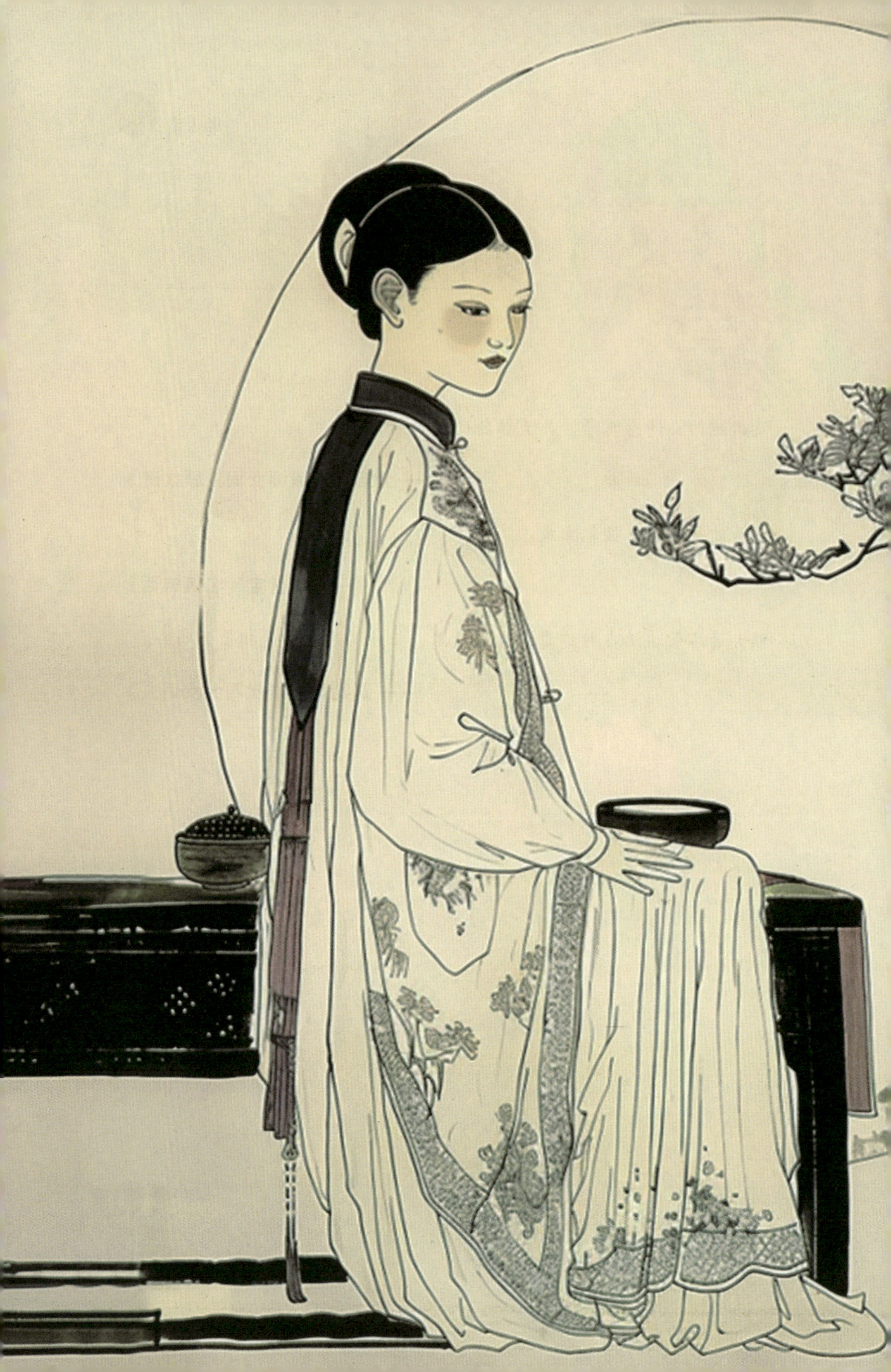

诗才卓越，词风豪迈 ——吴藻

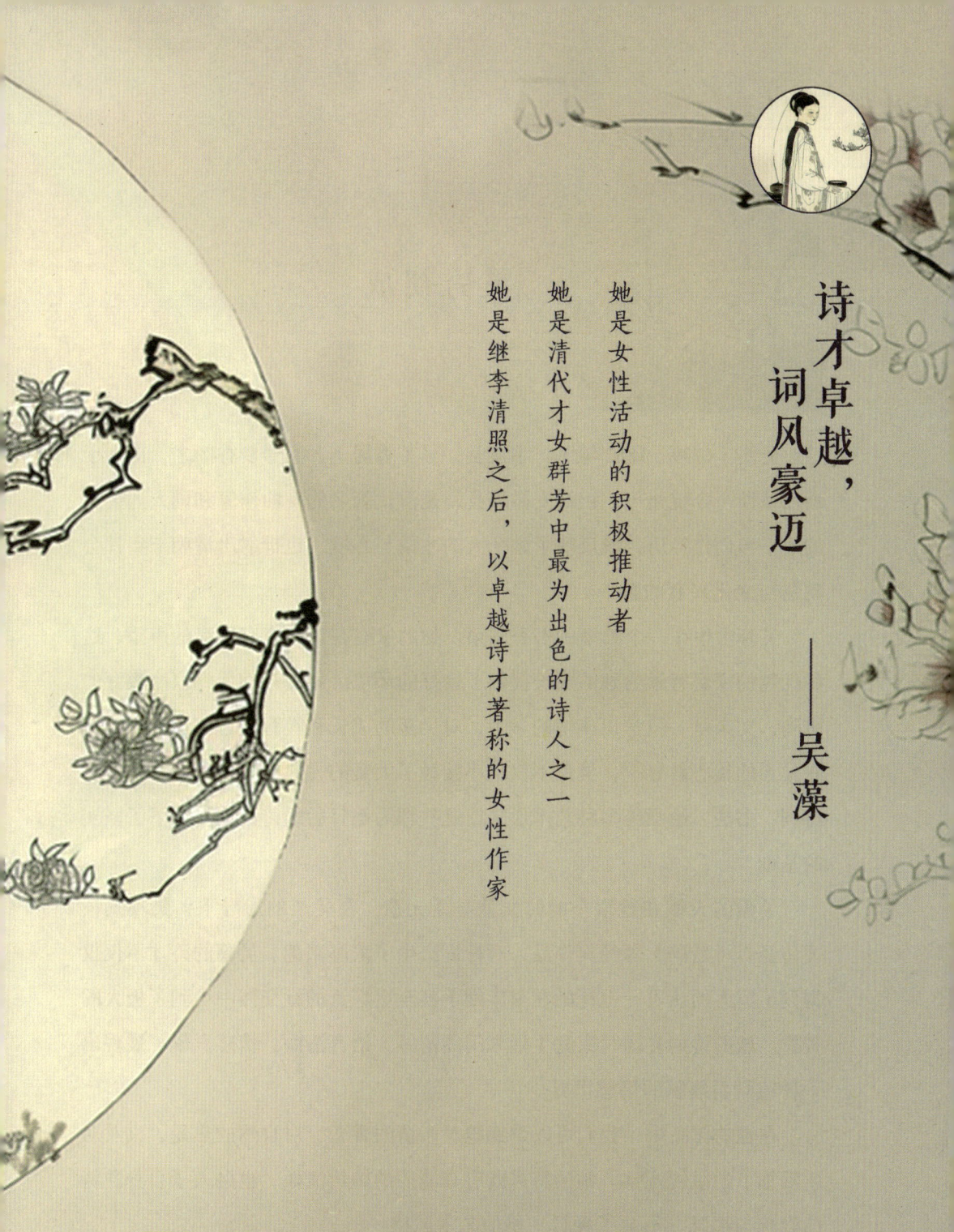

她是女性活动的积极推动者

她是清代才女群芳中最为出色的诗人之一

她是继李清照之后，以卓越诗才著称的女性作家

灵秀初成

吴藻（1799—1862年），字慧兰，号苹香居士，又号梦香阁主，出生于浙江钱塘（今杭州），祖籍安徽黟县，是清代著名的女曲作家和词人。吴藻的生平与创作经历，既反映了她个人的才情与心境，也折射出清朝末年社会动荡与文化兴衰的影子。

吴藻出生在一个典型的书香门第。她的家庭在当地享有很高的声望，这种优越的家庭背景为她的成长提供了良好的环境。吴藻自幼受到家庭教育的熏陶，父亲是一位学识渊博的学者，对吴藻的成长和教育有着深远的影响。在父亲的精心教导下，吴藻不仅从小接触了大量的古典文学作品，还学习了诗词、书法、绘画等多种艺术形式，这些都为她日后的诗词创作打下了坚实的基础。

吴藻的天赋在她很小的时候就显露无遗。在父亲的指导下，吴藻熟读《诗经》《楚辞》等经典作品，对诗词产生了浓厚兴趣。吴藻的诗才不仅仅得到了家人的认可，也让她在家族圈子甚至更广泛的社交圈中得到了极大的赞誉。她的诗词多描写家庭生活和闺阁情感，语言清丽，情感真挚，展现出一种纯真而细腻的情感世界。

在她的作品中，我们可以看到她对亲情的眷恋、对自然的热爱，以及对生活细节的敏锐观察。她的诗风既有李清照的婉约清丽，也融入了自身独特的温婉与细腻，形成了独具一格的艺术风格。

吴藻的成长与创作经历也是她所处时代背景的反映。清朝后期，社会动荡不安，政治腐败，民生艰难。鸦片战争后，中国社会陷入了空前的危机中，各种社会矛盾激化，百姓生活困苦不堪。这种社会背景让她的诗词中常常流露出一种忧愁美，吴藻在作品中表达了对家国的忧虑、对世事的感慨以及对人生的哲理性思考。

风韵逸事

诗词唱和

袁枚是清代乾隆时期的著名文学家，号随园老人，擅长诗词，尤其以倡导"性灵说"著称，强调诗歌创作应注重个人情感的真实表达。他与吴藻虽相隔甚远，却因诗词结下了一段不解之缘。吴藻的才华早在她年轻时就已经广为人知。当时，她的诗作被友人推荐给袁枚，袁枚读后大为赞赏，称其为"才女中之翘楚"。他不仅在诗文中多次提及吴藻，还专门为她作诗以示赞扬。吴藻得知后，也非常仰慕袁枚的才华，遂以诗回应，两人开始了长达数年的诗词唱和。

在这些唱和的作品中，吴藻充分展示了她卓越的诗词才华。她的诗词风格既继承了闺阁派的婉约细腻，又融入了袁枚"性灵说"的主张，追求情感的真实表达。两人的唱和不仅在文坛引起了广泛的关注，也成了吴藻一生中不可多得的文学佳话。然而，吴藻与袁枚之间的诗词交往并不只是简单的文人趣味。通过这些诗作，吴藻表达了她对生活、对社会的深刻思考，甚至对自我身份的认知与探讨。在清代女性文学中，吴藻的这些诗作具有独特的地位，它们为后世研究清代文学提供了宝贵的资料。

诗词社交

吴藻组织了一个由才女们组成的诗词社,这在当时的文坛上堪称一大创举。清代的闺阁文化十分盛行,许多女性诗人因其作品流传而声名远扬。然而,吴藻所组建的诗词社,则将这种文化推向了新的高度。吴藻的诗词社主要成员是她的姐妹、闺中好友及其他才女。她们定期聚会,讨论诗词,互相唱和,切磋技艺。在这个诗词社中,吴藻起到了核心的作用,她不仅是诗社的组织者,也是大家的导师。吴藻的诗作风格独特,题材广泛,她擅长描写自然风光,还能在诗中融入深刻的哲理思考,这使得她在诗词社中备受推崇。

这个诗词社在清代文坛上产生了深远的影响,它提供了一个女性诗人之间交流的平台。吴藻与姐妹们的诗词唱和为她们带来了精神上的慰藉,也让她们的作品得以在文坛上广泛传播。

不让须眉

吴藻的一生才情贯穿于她的生活经历、家庭背景以及社会动荡中。吴藻的早期作品多以描写家庭生活和闺阁情感为主。她出身于书香门第,幼年生活在一个温暖的家庭环境中,父母慈爱,兄弟姐妹和睦,这些都为她的早期创作提供了丰富的素材。

在这些作品中,吴藻以纯真、细腻的情感,清丽、流畅的语言,表现出她对生活的热爱与细致入微的观察力。在吴藻的诗词中,家庭和亲情是她经

吴藻

常表现的主题。她生活在一个传统的家庭环境中,家庭成员之间的情感互动和生活细节常常成为她创作的灵感来源。她以细腻的笔触描绘了家庭生活中的点滴,比如父母的关爱、姐妹的情谊、儿女的天真。这些作品不仅展现了她对家庭生活的深切热爱,也反映了她对传统家庭观念的认同。

随着年龄的增长和生活阅历的增加,吴藻的创作风格逐渐发生了变化。清朝中期社会动荡不安,鸦片战争爆发,国家内忧外患,百姓生活困苦,吴藻身处其中,目睹了社会的种种不公与动荡,开始将更多的目光投向家国大事。她的作品不再仅仅局限于描写个人情感和家庭生活,而是扩展到对国家命运的关注和对社会现状的深刻思考。吴藻的晚期作品多流露出一种沉郁、悲凉的情感色彩。

吴藻画像

随着清朝末年的社会风云变幻,她目睹了国家的衰败与人民的苦难,内心愈加感到无力与悲凉。这种心境直接影响了她的创作,使她的作品中充满了对人生无常的感叹和对生命短暂的悲叹。这种对人生无常的感悟,使她的作品中常常流露出一种淡淡的忧伤。这种忧伤并非悲观的绝望,而是对现实的深刻认知和对理想生活的向往。她以诗词为载体,表达了她对生活的热爱与无奈,对世事的无常与哲理性思考。吴藻的作品还表现出她对自然的热爱和对人文精神的追求。

吴藻不仅以诗词闻名,还以男装示人,性情坦荡,与无论男女的词人都能平等交往,毫无避讳。这种超越性别界限的姿态,不仅是她个性自由不羁的体现,也是她内心深处对性别束缚的抗争。

吴藻曾自制乐府,创作了一折名为《乔影》的杂剧,其中通过女主角谢絮才这一形象，巧妙地将自己隐喻其中。谢絮才既是古代才女谢道韫的象征，也是吴藻自身的写照。剧中的谢絮才以男装示人，画了一幅《饮酒读骚图》并悬挂于书商墙上。这幅画象征着她的理想与内心世界：她在书铺中观赏自己的画作，与人对饮、朗读《离骚》，竟觉自己与屈原有着相似的命运——都是那孤独行吟的悲愤之人，内心充满了郁结的情感与无法实现的抱负。

在《乔影》中，吴藻借谢絮才之口表达了深沉的自我认知与对社会的激愤："平生矜傲骨，宿世种愁苗。"她以自命"眼空当世，志轶尘凡"的姿态，坦言身为红颜被"束缚形骸"的无奈与愤慨。这种自叹不仅表现了她对命运的不甘，更展现了她对自由的强烈渴望。剧中的第一支曲子中，谢絮才用十句排比句式，情感激烈，字字如刀，刺向那个她无法改变的现实"我待趁烟波泛画桡，我待御天风游蓬岛，我待拨铜琶向江上歌，我待看青萍在灯前啸。呀，我待拂长虹入海钓金鳌，我待吸长鲸贳酒解金貂，我待理朱弦作幽兰操，我待着宫袍把水月捞。我待吹箫，比子晋还年少；我待题糕，笑刘郎空自豪。"这些句子层层推进，表达了她的渴望——这些对于男子而言轻而易举的事情，对于她，却是遥不可及的梦想。她将自己比作屈原，并非因具体的志向相似，而是因二者都追求不被当世所容之事，都是那孤独行吟之人。吴藻通过这部杂剧，将身为女子的遗憾、对男子自由无羁生活的羡慕，毫无保留地倾诉出来。这不仅是她个人情感的宣泄，更是前所未有的女性意识的觉醒。

吴藻对自由的追求与渴望，最终在战火中戛然而止。咸丰十一年（1861年）冬，太平军攻打杭州城，围城数月，死亡人数高达数十万。这场人间炼狱般的浩劫让吴藻昔日的好友陆续罹难。为了避开兵祸，吴藻被迫离开了她心爱的家乡。然而，在这充满恐惧与混乱的逃亡途中，她最终也未能幸免，倒在了荒野之中，孤零零地埋骨在那烽烟滚滚的乱世之下。

吴藻在绘画艺术上的造诣也同样出色。在那个时代，吴藻诗、书、画三艺并重，尤其是她将诗词与绘画相结合，创造出了独特的艺术风格。吴

吴 藻

藻的绘画作品多以花鸟、山水为题材,她尤其擅长用水墨勾勒自然景物。在创作中,她常常将自己对自然景物的独特感受融入画中,这让她的画作不仅具有形式上的美感,更富有深厚的情感内涵。吴藻的诗词与绘画相辅相成,她常常在画作旁题诗,或以诗为画,或以画为诗,形成了一种独特的艺术表达方式。

吴藻的文学成就主要体现在她对女性情感世界的细腻描绘和对社会现实的深刻思考上。她通过细腻的笔触,将女性在家庭中的地位、情感的细腻表达得淋漓尽致。同时,她善于对国家命运的忧虑和对社会现状提出自己的批判,展现了一个时代的女性心声,也为中国古典文学增添了一抹亮丽的色彩。吴藻的创作生涯不仅展现了她个人的才华和情感世界,也反映了清朝末年社会动荡对知识分子的深远影响。吴藻通过她的诗词,留下了一份宝贵的文化遗产,也让我们得以窥见那个时代女性文学的独特魅力。

吴藻的一生,是一场才情与命运的抗争。她以诗词、以戏剧、以无数心血凝成的文字,描绘了一个不甘被束缚、渴望自由的灵魂。然而,最终,她还是被历史的洪流所吞没,成了那个动荡时代中的一抹孤影。她未能实现的理想与抱负,随着她的离去,化作了永远的遗憾与悲叹。吴藻用她的生命,书写了一曲哀婉的时代悲歌,留下了未完成的自由梦。

岁月流芳

有清一代女词人中,罕见其俦。

——江民繁《吴藻词传》

词誉遍大江南北,为清代女词家中第一人。

——胡云翼《中国词史略》

吴梦香阁主才色双绝,余尝比之李易安,虽气质有异,然卓然不群者一也。

——陈寅恪《柳如是别传》

词笔如芷兰,幽香四溢,虽多抒闺阁之情,然笔端常有大志,时有豪放之气,是才女中之异数。

——黄燮清《清代女词人集》